ESPAÑOL

¡entérate!

4

FÁTIMA APARECIDA TEVES CABRAL BRUNO
Doctora en Lengua Española, Magíster en Lingüística y Licenciada en Letras (Español y Portugués) por la FFLCH/USP.
Profesora de las disciplinas de Lengua Española de la FFLCH/USP.

MARGARETH APARECIDA MARTINEZ BENASSI TONI
Licenciada en Letras (Español y Portugués) por la FFLCH/USP.
Cursos de especialización en España: Universidad de Granada, Universidad de Salamanca y Universidad de Santiago de Compostela.
Profesora de Lengua Española de la Associação Colégio Espanhol de São Paulo (Colégio Miguel de Cervantes).

SÍLVIA APARECIDA FERRARI
Magíster en Lingüística y Licenciada en Letras (Español y Alemán) por la FFLCH/USP.
Profesora de Lengua Española de la Escola Dominicana de Teologia y de la Associação Colégio Espanhol de São Paulo (Colégio Miguel de Cervantes).

Editora Saraiva

Español: ¡Entérate! Libro 4

Dados Internacionais de Catalogação na Publicação (CIP)
(Câmara Brasileira do Livro, SP, Brasil)

Bruno, Fátima Aparecida Teves Cabral
Español ¡Entérate! 9º ano / Fátima Aparecida Teves Cabral Bruno, Margareth Aparecida Martinez Benassi Toni, Sílvia Aparecida Ferrari. – 4. ed. – São Paulo : Saraiva, 2011.

Suplementado pelo manual do professor.
Inclui CD.
ISBN 978-85-02-13457-7 (aluno)
ISBN 978-85-02-13458-4 (professor)

1. Espanhol (Ensino fundamental) I. Toni, Margareth Aparecida Martinez Benassi. II. Ferrari, Sílvia Aparecida. III. Título.

11-08100 CDD-372.6

Índices para catálogo sistemático:

1. Espanhol : Ensino fundamental 372.6

Gerente editorial	M. Esther Nejm
Editor	Eneida C. Silva Gordo
Edição de texto	Daisy Pereira Daniel
Assistência editorial	Paulo Ribeiro
Coordenador de revisão	Camila Christi Gazzani
Revisores	Lucia Scoss Nicolai (enc.), Rachel Reis, Salvine Maciel, Sérgio Limolli
Assistente de produção editorial	Rachel Lopes Corradini
Coordenador de iconografia	Cristina Akisino
Pesquisa iconográfica	Ana Scypula, Renata Alves Martins
Licenciamento de texto	Erica F. Brambila, Marina Murphy (estagiária)
Gerente de artes	Ricardo Borges
Capa	Talita Guedes
Produtor de artes	Narjara Lara
Coordenador de artes	Aderson Oliveira
Projeto gráfico	Narjara Lara
Diagramação	Select Editoração, Yara Campi
Ilustrações	AMJ Studio, Mário Yoshida, Priscilla Camacho, Quanta Estudio de Arte, Roberto Weigand, Vicente Mendonça, Weberson Santiago
Assistente de artes	Juliana Tiemi e Daniela Máximo
Tratamento de imagens	Bernard Fuzetti
Produtor gráfico	Robson Cacau Alves
Impressão e acabamento	Bercrom Gráfica e Editora

568.532.004.011

Editora Saraiva

SAC 0800-0117875
De 2ª a 6ª, das 8h30 às 19h30
www.editorasaraiva.com.br/contato

Rua Henrique Schaumann, 270 – Cerqueira César – São Paulo/SP – 05413-909

CARTA PARA EL/LA ALUMNO/A

Estimado/a alumno/a

Hoy en día, se oye que es importante aprender lenguas extranjeras a causa del mundo del trabajo y de la comunicación que nos permiten establecer con otras personas en todo el mundo. En el caso de nuestro país, aprender español nos abre una posibilidad más, la de establecer una comunicación más efectiva con nuestros vecinos, los países hispanoamericanos que nos circundan.

Además de lo dicho anteriormente, también esperamos que el contacto con la lengua española te ayude a conocer otros significados, otros valores, y a reconocer y a respetar la diversidad existente en el mundo. Y que, expuesto/a a las nuevas realidades y conocimientos, tengas también la posibilidad de reflexionar sobre tus propias cosas.

Por lo tanto, no es importante que aprendas solamente a hablar, a escribir y a comprender en español, sino también, como nos apunta la Unesco, que te dediques a aprender a conocer, a aprender a hacer, a aprender a vivir, a aprender a ser y a aprender a respetar y a valorar otras culturas y hábitos.

Esperamos que esta colección te ayude a aprender el español y a tener también "la cabeza bien hecha más que llena", como dijo el filósofo y escritor francés Michel Montaigne.

Fátima, Margareth y Sílvia

ÍNDICE

Funciones comunicativas	Cultural
Introducir una conversación.	Autores y obras de la literatura hispánica. *Don Quijote de la Mancha*, de Miguel de Cervantes (España). Che Guevara (Cuba). *Diarios de motocicleta*, de Walter Salles. Alberto Korda (Cuba). Rigoberta Menchú (Guatemala).
Expresar prohibiciones y órdenes negativas. Dar y seguir instrucciones.	"Biografía", de Gabriel Celaya (España). Gestiario de Argentina. *Historias de cronopios y de famas*, de Julio Cortázar (Argentina).
Informarse sobre los deportes / las actividades físicas.	Parchís (España). Pelota vasca (España). Virgilio Peñera Llera (Cuba).
Pedir informaciones/direcciones. Indicar direcciones.	Acueducto de Segovia (España). Puente de la Mujer (Argentina). Fortaleza de Paramonga (Perú). Teatro Solís (Uruguay). Canal de Panamá (Caribe). Iquique (Chile).
Formular hipótesis sobre el futuro.	Cruz Roja (Argentina).
Discordar de una idea y formular una hipótesis. Formular hipótesis con relación al presente.	Hiroshima (Japón). Greenpeace. Las líneas de Nasca (Perú). *El constructor de sueños*, de Graciela P. Aguilar (España).
Expresar transformaciones de estado de ánimo de corta duración. Mostrar que consideramos algo superior.	Vallenato, género musical (Colombia). Barón Rojo (España). Cueca, baile nacional (Chile). Maná (México).
Proponer que alguien adivine/recuerde algo. Opinar valorando.	*El laberinto del fauno* (España/México). Guillermo del Toro (México).

Apéndice

GUION DEL CD

Unidades	Bandas
1 Famosos/as para siempre	2. Ejercicio 1 3. Ejercicio 1
2 Con o sin palabras, nos comunicamos	4. Ejercicio 3 5. Ejercicio 1
3 Me divierto y me ejercito	6. Ejercicio 7 7. Ejercicio 1
4 Mi ciudad es un sueño	8. Ejercicio 1 9. Ejercicio 3
5 Si yo fuera…	10. Ejercicio 2 11. Ejercicio 3
6 El planeta enfermo	12. Ejercicio 3 13. Ejercicio 1
7 ¡Sube el volumen!	14. Ejercicio 2 15. Ejercicio 3 16. Ejercicio 2
8 En escena	17. Ejercicio 3 18. Ejercicio 3 19. Ejercicio 1 20. Ejercicio 6

ÍCONOS UTILIZADOS EN LA COLECCIÓN

Expresión oral

Comprensión auditiva

Comprensión lectora

Expresión escrita

Este ícono sirve para indicarte que encontrarás recurso digital en el DVD.

Apéndice	Bandas
Ejercicios complementarios de comprensión auditiva	21. Ejercicio 1 22. Ejercicio 2 23. Ejercicio 2 24. Ejercicio 3 25. Ejercicio 4 26. Ejercicio 5 27. Ejercicio 6 28. Ejercicio 7 29. Ejercicio 8 30. Ejercicio 9 31. Ejercicio 10 32. Ejercicio 11 33. Ejercicio 12 34. Ejercicio 13 35. Ejercicio 14
Mejorando la pronunciación	36. Ejercicio 1 37. Ejercicio 2 38. Ejercicio 3 39. Ejercicio 4 40. Ejercicio 5 41. Ejercicio 6 42. Ejercicio 7 43. Ejercicio 8 44. Ejercicio 9 45. Ejercicio 10 46. Ejercicio 11 47. Ejercicio 12 48. Ejercicio 13 49. Ejercicio 14 50. Ejercicio 15 51. Ejercicio 16 52. Ejercicio 17 53. Ejercicio 18

1 Famosos/as para siempre

Hay cinco escritores/as hispánicos/as...

- **¿Cuáles son sus países de origen y los/as personajes de sus obras?**

1

2

- **Rellena el cuadro a partir de los datos:**
  - Miguel de Cervantes no es mexicano/a.
  - El/La mexicano/a es el/la tercero/a.
  - El/La colombiano/a no está junto al/a la mexicano/a.
  - Gabriel García Márquez es el quinto.
  - El/La español/a es el/la primero/a.
  - El/La personaje del/de la autor/a argentino/a se llama Lucas.
  - El/La chileno/a no es el/la segundo/a.
  - El/La personaje de Skármeta no es Dulcinea.
  - Dulcinea es el personaje del/de la escritor/a español/a.
  - Andrés es el personaje del/de la autor/a mexicano.
  - El/La escritor/a argentino/a se llama de apellido Cortázar.
  - Andrés y Mario Jiménez son personajes de autores/as mexicanos/as y chilenos/as.
  - El apellido del/de la escritor/a chileno/a tiene una ka.
  - El personaje del/a autor/a colombiano se llama Santiago Nasar.

3

4

5

	ESCRITORES	PERSONAJES	PAÍSES
1	Miguel de Cervantes		
2	Julio Cortázar		
3	Ángeles Mastretta		
4	Antonio Skármeta		
5	Gabriel García Márquez		

LECCIÓN 1

escuchar banda 2

1 Escucha el texto y elige F para falso y V para verdadero:

a) El retrato más fiel del escritor Miguel de Cervantes lo hizo él mismo. ( )
b) El retrato de su cara y talle está en el prólogo de *Novelas sin pares*. ( )
c) La cara del pintor es bien proporcionada. ( )
d) Además de la obra *Don Quijote de la Mancha*, él escribió también *La Galatea* y *Viaje del Parnaso*. ( )
e) César Caporal Capusino y Miguel de Cervantes fueron soldados. ( )
f) Cervantes estuvo prisionero durante cinco años y medio. ( )
g) En la cárcel, el autor aprendió a tener paciencia en la fatalidad. ( )
h) Cervantes nació sin la mano izquierda. ( )

____
____
____
____
____
____
____

apariencia, figura.

leer

2 Lee el texto y haz lo que se te pide:

texto que precede al cuerpo de una obra para presentarla y/o a su autor. En general, lo escribe el autor de la obra.

____
____

descubierta, atrevida.

a pesar de que.

hace.

(...) El retrato más fidedigno que se conoce de Miguel de Cervantes se debe a su propia pluma, con la que trazó su "rostro y talle" en el prólogo de las *Novelas Ejemplares*:

"Este que veis aquí, de rostro aguileño, de cabello castaño, frente lisa y desembarazada, de alegres ojos y de nariz corva, aunque bien proporcionada; las barbas de plata, que no ha veinte años que fueron de oro, los bigotes grandes, la boca pequeña, los dientes ni menudos ni crecidos, porque no tiene sino seis, y esos mal acondicionados y peor puestos, porque no tienen correspondencia los unos con los otros; el cuerpo entre dos extremos, ni grande, ni pequeño, la color viva, antes blanca que morena; algo

Miguel de Cervantes.

cargado de espaldas, y no muy ligero de pies; este digo que es el rostro del autor de La Galatea *y de* Don Quijote de la Mancha, *y del que hizo el* Viaje del Parnaso, *a imitación del de César Caporal Perusino, y otras obras que andan por ahí descarriadas y, quizá, sin el nombre de su dueño. Llámase comúnmente Miguel de Cervantes Saavedra. Fue soldado muchos años, y cinco y medio cautivo, donde aprendió a tener paciencia en las adversidades. Perdió en la batalla naval de Lepanto la mano izquierda de un arcabuzazo, herida que, aunque parece fea, él la tiene por hermosa, por haberla cobrado en la más memorable y alta ocasión que vieron los pasados siglos (...)".*

extraviadas.

En: <http://www.aache.com/quijote/>. Fecha de consulta: 2 febrero 2011.

¡Ojo!
El sustantivo **color** *en femenino* (la color) *y el pronombre pospuesto al verbo conjugado en presente de indicativo* (Llámase) *no se usan más en el español actual.*

Batalla de Lepanto

Batalla naval ocurrida en el golfo de Lepanto el 7/10/1571. Lidiaron en ella los turcos otomanos contra la coalición cristiana Liga Santa, formada por España, Venecia, Génova y los Estados Pontificios. La Liga Santa resultó vencedora, frenando así la expansión turca por el Mediterráneo Occidental.

Viaje del Parnaso

Viaje del Parnaso es una obra en verso de Miguel de Cervantes publicada en 1614. Narra el viaje que hizo Cervantes y los mejores poetas españoles al monte Parnaso para librar una batalla alegórica en contra de los malos poetas. La obra sigue el modelo del *Viaggio di Parnaso* (1582), del poeta italiano Cesare Caporali.

- **Elige la mejor respuesta:**

a) Hay dos fragmentos tipográficamente marcados en la página de *web*. Parece que el primero:

( ) lo escribió Don Quijote y el segundo Miguel de Cervantes.
( ) lo redactó Miguel de Cervantes y el segundo Don Quijote.
( ) no se sabe quién escribió y el segundo fue Miguel de Cervantes.

b) Tras leer el texto, ¿qué pistas nos indican que el segundo fragmento lo escribió Cervantes?

( ) El autor del primer fragmento lo revela.
( ) Miguel de Cervantes da indicios entre comillas.
( ) Es que el prólogo solo sirve para describir al autor.

c) Se puede decir que la imagen que vemos en la *web* es:

( ) un retrato bastante fiel de Don Quijote, el caballero de la triste figura.
( ) bastante fiel a la descripción que hace Cervantes de su figura en el prólogo de *Novelas Ejemplares*.
( ) un auténtico cuadro que pintó Miguel de Cervantes de Don Quijote.

d) Según el prólogo, cuando era joven, Miguel de Cervantes fue:

( ) rubio.
( ) pelirrojo.
( ) moreno.

e) En el fragmento del prólogo, Cervantes se refiere a su:

( ) presente primero y después a su pasado.
( ) pasado primero y luego a su presente.
( ) presente primero, después a su pasado y, por último, al presente.

f) En el fragmento entrecomillado, Miguel de Cervantes se describe a sí mismo usando:

( ) la primera persona de singular.
( ) la tercera persona de singular.
( ) la segunda persona de plural.

g) ¿Por qué Miguel de Cervantes no usa la primera persona de singular para describirse? Porque está describiendo...

( ) ... a Don Quijote.
( ) ... a César Caporal.
( ) ... su retrato.

GRAMÁTICA ¡ENTÉRATE!

Pretérito perfecto simple de indicativo

Verbos irregulares

Observa la escena:

Fue *soldado muchos años...*

Se usa el pretérito perfecto simple de indicativo para narrar acciones acabadas en el pasado y que pueden haber ocurrido durante un espacio de tiempo de modo reiteractivo (que se repite) o durativo.

El verbo **ser** es **irregular** en **pretérito perfecto**. Veamos otros:

... y del que ***hizo*** *el* Viaje del Parnaso...

... alta ocasión que ***vieron*** *los pasados siglos (...)*

Totalmente irregulares

Pronombres personales	Verbos		
	IR / SER	VER	DAR
yo	fui	vi	di
tú / vos	fuiste	viste	diste
Ud. / él / ella	fue	vio	dio
nosotros/as	fuimos	vimos	dimos
vosotros/as	fuisteis	visteis	disteis
Uds. / ellos/as	fueron	vieron	dieron

Raíces irregulares I

Pronombres personales	Verbos		
	PODER → pud-	SABER → sup-	CABER → cup-
yo	pude	supe	cupe
tú / vos	pudiste	supiste	cupiste
Ud. / él / ella	pudo	supo	cupo
nosotros/as	pudimos	supimos	cupimos
vosotros/as	pudisteis	supisteis	cupisteis
Uds. / ellos/as	pudieron	supieron	cupieron

Pronombres personales	Verbos		
	TENER → tuv-	ANDAR → anduv-	ESTAR → estuv-
yo	tuve	anduve	estuve
tú / vos	tuviste	anduviste	estuviste
Ud. / él / ella	tuvo	anduvo	estuvo
nosotros/as	tuvimos	anduvimos	estuvimos
vosotros/as	tuvisteis	anduvisteis	estuvisteis
Uds. / ellos/as	tuvieron	anduvieron	estuvieron

Siguen la misma conjugación los derivados de tener: **contener**, **detener**, **atenerse**, etc.

Pronombres personales	Verbos		
	PONER → pus-	QUERER → quis-	HACER → hic/z-
yo	puse	quise	hice
tú / vos	pusiste	quisiste	hiciste
Ud. / él / ella	puso	quiso	hizo
nosotros/as	pusimos	quisimos	hicimos
vosotros/as	pusisteis	quisisteis	hicisteis
Uds. / ellos/as	pusieron	quisieron	hicieron

Siguen la misma conjugación los derivados de **poner**: **suponer**, **posponer**, **proponer**, etc.

escribir

1 Completa las oraciones con los verbos en pretérito perfecto simple**:**

a) En 1969, Manolo ____________ muchos kilómetros como peregrino a Santiago de Compostela. (andar)
b) Ayer ____________ al mercado y no ____________ comprar frutas porque no tenía dinero suficiente. (ir – yo / poder)
c) Nosotras ____________ la lavadora antes de salir de casa. (poner)
d) No ____________ la tarta y los dulces, porque no ____________ tiempo. (llevar – yo / tener)
e) ¿El fin de semana pasado, ____________ la película de terror? (ver – vosotros)
f) Mi primo ____________ un curso de alemán el semestre pasado. (hacer)
g) Los muebles de los Solano no ____________ en su nueva casa. (caber)
h) La semana pasada, la profesora de Matemáticas nos ____________ mucha tarea. (dar)

2 Sigue el modelo:

Hoy quiero cenar. *Ayer quise cenar.*

a) Hoy tenemos mucho trabajo. ________________________________
b) Hoy sabés la lección. ________________________________
c) Hoy voy en metro. ________________________________
d) Hoy andamos tranquilamente. ________________________________
e) Hoy pongo la mesa. ________________________________
f) Hoy la gabardina no cabe en el ropero. ________________________________
g) Hoy usted no quiere cenar. ________________________________
h) Hoy no veis el partido en la tele. ________________________________
i) Hoy no tenés nada qué hacer. ________________________________

leer

3 Lee la tira de viñetas:

DON ALONSO QUIJANO, QUE ASÍ SE LLAMABA EL HIDALGO, TOMÓ TANTO GUSTO A LA LECTURA DE AQUELLOS LIBROS QUE SE PASABA LOS DÍAS Y LAS NOCHES LEYENDO. DE FORMA QUE DE TANTO LEER Y DE TAN POCO DORMIR, SE LE SECÓ EL CEREBRO Y SE VOLVIÓ LOCO, LLENÁNDOSELE LA CABEZA DE AQUELLAS FANTASÍAS QUE YA HABÍA ESCRITAS EN LOS LIBROS. TODO PARA ÉL ERAN ENCANTAMIENTOS, DESAFÍOS, BATALLAS, AMORES, TORMENTAS Y DISPARATES IMPOSIBLES.

______
______

hechizos, embrujos.

______
______
______

LUEGO SE PUSO A BUSCAR UN NOMBRE PARA SÍ MISMO Y VINO A DAR CON EL DE DON QUIJOTE, DERIVADO DE SU APELLIDO QUIJANO, Y AÑADIENDO EL NOMBRE DE SU PATRIA (...) RESULTÓ "DON QUIJOTE DE LA MANCHA".

terminado, liquidado.

______
______

héroe de los libros de caballería.

EN EFECTO YA REMATADO SU JUICIO, SE LE VINO A OCURRIR LA MÁS EXTRAVAGANTE IDEA QUE NINGÚN LOCO EN EL MUNDO CONCIBIERA ANTES, CREYÓ CONVENIENTE Y NECESARIO HACERSE CABALLERO ANDANTE E IRSE POR TODOS LOS CAMINOS CON SUS ARMAS Y SU CABALLO EN BUSCA DE AVENTURAS COMO HABÍAN HECHO LOS HÉROES DE SUS LECTURAS. PARA ELLO, LO PRIMERO QUE HIZO FUE LIMPIAR UNAS ARMAS VIEJAS, ABANDONADAS EN EL DESVÁN QUE HABÍAN PERTENECIDO A SUS BISABUELOS.

CERVANTES S. Miguel de (s/f). *Don Quijote de la Mancha*. Madrid: Sedmay Ediciones y Antonio Albarrán. p. 1-3.

- **Completa la ficha con los datos de Don Quijote:**

Nombre: ____________ Apellido/s: ____________
Origen: ____________ Edad: ____________
Características físicas: ____________
____
Carácter: ____________
Ocupación: ____________
Afición: ____________
Peculiaridad: ____________
Nueva propuesta de vida: ____________
____
____
Otros datos: tuvo un escudero fiel.
____
____

escudero = antiguamente, criado que servía y asistía a una persona distinguida en determinadas ocasiones.

escribir

4 **Lee el fragmento y continúa uno de los capítulos de la historia de Don Quijote, teniendo en cuenta las informaciones del ejercicio anterior, la leyenda y el título de cada uno de ellos:**

a) "Una mañana que era de las más calurosas de julio se armó con todas sus armas. Subió sobre Rocinante y, sin darse cuentas a nadie, salió al campo por la puerta falsa del corral, deseoso de encontrar sus primeras aventuras."

b) Capítulo VIII: Del buen suceso que el valeroso Don Quijote tuvo en la espantable y jamás imaginada aventura de los molinos de viento, con otros sucesos dignos de felice recordación.

felice = feliz, en el español actual.

c) Capítulo XVIII: Donde se cuentan las razones que pasó Sancho Panza con su señor Don Quijote con otras aventuras dignas de ser contadas.

Esto diciendo, entró por medio del esquadrón de ovejas...

5 **Lee este comentario:**

¿Por qué se considera *Don Quijote de la Mancha* una obra maestra de la literatura universal?

Porque esta novela de Cervantes, en sus dos partes, es un universo, como un macrocosmos de su época, la historia y la sociedad, así como de las corrientes literarias y de pensamiento de entonces, pero es también el microcosmos donde se desenvuelven unos personajes como Don Quijote y Sancho, magistralmente creados.

Panorámica social e histórica

Nos da toda una panorámica del momento histórico y de la sociedad de entonces, donde se manifiestan, por ejemplo:

- todos los estamentos sociales: nobleza, campesinado, clero, servidumbre, oficios; caballeros, funcionarios, soldados, actores, comerciantes, estudiantes, presos;
- la problemática de la época histórica: el peligro turco, los corsarios berberiscos, el drama de los cautivos españoles en Berbería, la presencia de los tercios españoles en las distintas posesiones europeas, y los destinos en América; (...)
- costumbres: comidas, monedas, fiestas y celebraciones, ropa, modas, diferentes clases de telas y adornos, zapatos, joyas, vestimenta de las clases sociales y la de los diferentes oficios, profesiones y altos cargos. (...)

En: <http://www.editorialplazamayor.com>.
Fecha de consulta: 26 enero 2011.

a) Encuentra en los fragmentos de la obra, que están a lo largo de la unidad, los ejemplos dados en la versión de la editorial Plaza Mayor. Observa el modelo:

COMENTARIOS	FRAGMENTOS DE *DON QUIJOTE*
Porque esta novela de Cervantes, en sus dos partes, es un universo, como un macrocosmos de su época, la historia y la sociedad, así como de las corrientes literarias y de pensamiento de entonces, pero es también el microcosmos donde se desenvuelven unos personajes como Don Quijote y Sancho, magistralmente creados.	"Pasábase los ratos de ocio (que eran los más del año) leyendo libros de caballería con tanto gusto y afición que olvidó el ejercicio de la caza y la administración de su hacienda. Llegando incluso a vender parte de sus tierras para comprar libros de caballería."
Nos da toda una panorámica del momento histórico y de la sociedad de entonces, donde se manifiestan, por ejemplo: –*todos los estamentos sociales*: nobleza, campesinado, clero, servidumbre, oficios; caballeros, funcionarios, soldados, actores, comerciantes, estudiantes, presos; (...)	
–*costumbres*: comidas, monedas, fiestas y celebraciones, ropa, modas, diferentes clases de telas y adornos, zapatos, joyas, vestimenta de las clases sociales y la de los diferentes oficios, profesiones y altos cargos.	

b) ¿Leíste alguna obra que ofrece también un panorama socio-histórico? ¿Cuál/es?

LECCIÓN 2

- **Contesta y después comenta tus respuestas con tus colegas:**

a) ¿Sabías que se considera esa como la foto más famosa del mundo?
b) ¿Por qué es la foto más famosa del mundo?
c) ¿Quién es la persona del retrato?
d) ¿Dónde nació?
e) ¿Qué hizo?
f) ¿Quién, cuándo y por qué le sacaron la fotografía?

¡Diviértete!

Teléfono descompuesto

- **¿Te has enterado de qué dicen por ahí sobre esa foto?
¡A jugar al *Teléfono descompuesto*! Empieza por tu profesor/a...**

escuchar
banda 3

1 **Escucha y tacha la opción** incorrecta:

Historia de una foto

Esta es, sin lugar a dudas, la foto más famosa del mundo. Fue tomada/sacada por el cubano Alberto Korda el 5 de mayo/marzo de 1960, durante el acto de despedida del duelo de las víctimas del sabotaje al barco/navío francés La Coubre.

A continuación, un texto de Ciro Bianchi Ross que cuenta la historia:

Icono

Ni un centavo

Alberto Korda tomó la clásica/tradicional foto del Che con su vieja máquina/cámara Leica, provista de un lente de 90 milímetros (...). Se hallaba a unos siete metros —¿o eran diez?— de distancia/lejos del comandante guerrillero y, afirma/precisa, sí, que era una tarde opaca, de invierno/invernal. Eso explica, dice ahora, que la imagen no sea perfecta/supernítida (...): la cabeza solitaria del Che desaparece/se difumina en una luz pareja y suave.

No hubo ninguna elaboración intelectual en eso. La luz solar/del sol, escasa, y el desgaste del lente imprimieron a la foto/al retrato su atmósfera. ¿Y la composición? "Bueno, ya eso es otra cosa. Es eternamente/para siempre mía", afirma. Llevé el negativo a la ampliadora, enderecé/alinié la figura y le di aire alrededor. Creo que el público exige esos detalles/pormenores del encuadre. Por eso, al verla, encuentra una belleza y una armonía/un equilibrio que no sabe de dónde vino/salió, pero que es responsabilidad del artista/fotógrafo, y eso es lo que hace que una foto pueda ser única/impar.

La fecha: el 5 de marzo de 1960. Cubría como fotorreportero de Revolución la despedida del duelo de las víctimas/heridos del sabotaje, perpetrado por la CIA, al barco francés La Coubre —dinamitado en el puerto/muelle habanero—, y metido entre la multitud/muchedumbre planeaba/volaba con su cámara, de izquierda a derecha, el plataforma/entarimado donde se emplazó la tribuna. De pronto, el Che avanzó hacia la primera fila para mirar la escena. Korda alcanzó a hacer uno, dos o tal vez/quizás tres disparos/estallidos seguidos; un minuto, minuto y medio después, volvía a perderse/desaparecer el Che en el fondo de la tarima. Pero/mas ya había captado la imagen/escena, la misma que siete años después, a la muerte/al fallecimiento del guerrillero/combatiente argentino, el editor italiano Feltrinelli (utilizando precisamente esa foto/fotografía que le regalara en ese mismo 1967 el propio Korda cuando vino/a su paso por Cuba) difundiera en millones de carteles/anuncios. Alberto Korda, dice, nunca cobró/recibió un centavo por dicha foto/fotografía.

En: <http://www.raimonland.net/>. Fecha de consulta: 11 julio 2011.

che = interjección que se usa para llamar la atención del oyente. Corresponde al vocativo del pronombre tú.

2 **En el texto de Ciro Bianchi Ross, puedes encontrar citas fieles hechas por el fotógrafo Alberto Korda. A partir del ejemplo, ¿consigues completar el cuadro?**

ALBERTO KORDA DICE...	LA CITA ES DE ALBERTO KORDA PORQUE...
—¿o eran diez?—	... está entre rayas, es una pregunta directa y no hay un verbo de comunicación (decir, observar, preguntar, etc.).
______________________ ______________________	... está entrecomillada, posesivo en 1ª persona de singular.
Llevé el negativo a la ampliadora, enderecé la figura y le di aire alrededor. Creo que el público exige esos detalles del encuadre. Por eso, al verla, encuentra una belleza y una armonía que no sabe de dónde salió, pero que es responsabilidad del artista, y eso es lo que hace que una foto pueda ser única.	______________________ ______________________

cita = es una representación del texto de otra persona. La cita puede ser total, parcial, fiel o aproximada.

GRAMÁTICA ¡ENTÉRATE!

Pretérito perfecto simple de indicativo

Otros verbos irregulares

Observa otros verbos irregulares:

*No **hubo** ninguna elaboración intelectual en eso.*

*... que no sabe de dónde **vino**...*

Raíces irregulares II

Pronombres personales	Verbos	
	VENIR → vin-	HABER → hub-
yo	vine	hube
tú / vos	viniste	hubiste
Ud. / él / ella	vino	hubo
nosotros/as	vinimos	hubimos
vosotros/as	vinisteis	hubisteis
Uds. / ellos/as	vinieron	hubieron

Pronombres personales	Verbos terminados en -ducir → -duj-: TRADUCIR	Verbo DECIR y derivados	Verbo TRAER y derivados
yo	traduje	dije	traje
tú / vos	tradujiste	dijiste	trajiste
Ud. / él / ella	tradujo	dijo	trajo
nosotros/as	tradujimos	dijimos	trajimos
vosotros/as	tradujisteis	dijisteis	trajisteis
Uds. / ellos/as	tradujeron	dijeron	trajeron
Otros verbos:	conducir, producir, reducir, deducir	contradecir, desdecir	extraer, atraer, distraer

Irregularidades vocálicas

Pronombres personales	Verbos		
	PEDIR	**MORIR**	**INFLUIR**
yo	pedí	morí	influí
tú / vos	pediste	moriste	influiste
Ud. / él / ella	p**i**dió	m**u**rió	influ**y**ó
nosotros/as	pedimos	morimos	influimos
vosotros/as	pedisteis	moristeis	influisteis
Uds. / ellos/as	p**i**dieron	m**u**rieron	influ**y**eron
Otros verbos:	sentir, conseguir, vestir, preferir, medir, repetir, servir, divertirse, elegir.	dormir, dormirse, podrir	oír, constituir, construir, huir, concluir, destituir, leer, creer

escribir

1 Con los siguientes elementos, forma oraciones. Conjuga los verbos en pretérito perfecto simple**:**

Tú / no decir / la verdad.

No dijiste la verdad.

a) Picasso / durante la dictadura / no poder volver a España.

____

b) Mozart / componer / muchas óperas.

____

c) Mi familia / hacer / una cena especial.

____

d) Nacho / leer / algunas novelas en español.

____

e) El verano pasado / yo / querer / viajar a Argentina.

____

f) En las dos grandes guerras mundiales / morir / muchas personas.

____

2 **Conjuga los verbos entre paréntesis en** pretérito perfecto simple **y en** pretérito imperfecto de indicativo**:**

Rigoberta Menchú

Rigoberta Menchú. Premio Nobel de la Paz en 1992.

Activista de los derechos humanos de Guatemala (Chimel, Uspatán, 1959–). Rigoberta Menchú ______________ (nacer) en una numerosa familia campesina de la etnia indígena maya-quiché. Su infancia y su juventud ______________ (estar) marcadas por el sufrimiento de la pobreza, la discriminación racial y la violenta represión con la que las clases dominantes guatemaltecas ______________ (tratar) de contener las aspiraciones de justicia social del campesinado.

Varios miembros de su familia, incluida su madre, ______________ (ser) torturados y asesinados por los militares. (...)

Mientras sus hermanos ______________ (optar) por unirse a la guerrilla, Rigoberta Menchú ______________ (iniciar) una campaña pacífica de denuncia del régimen guatemalteco y de la sistemática violación de los derechos humanos de que ______________ (ser) objeto los campesinos indígenas, sin otra ideología que el cristianismo revolucionario de la "teología de la liberación"; ella misma ______________ (personificar) el sufrimiento de su pueblo con notable dignidad e inteligencia, añadiéndole la dimensión de denunciar la situación de la mujer indígena en Hispanoamérica. (...)

En: <http://www.biografiasyvidas.com/>. Fecha de consulta: 26 enero 2011.

3 **Aquí tienes una breve biografía de Ernesto Guevara de la Serna, que está escrita en** presente de indicativo**; vuelve a escribirla en** pretérito perfecto simple**:**

El Che nace el 14 de junio de 1928 en Rosario (Argentina).

A los dos años sus padres lo llevan al médico que le descubre una afección asmática que lo acompaña hasta su muerte. Por ese motivo, su

Monumento a la bandera en Rosario, Argentina.

familia decide trasladarse a Alta Gracia (Córdoba), donde transcurre su infancia y adolescencia.

Hace la facultad de medicina en la Universidad de Buenos Aires. Quiere entender su enfermedad. Después se interesa por la lepra.

En 1949, hace montado en bicicleta su primera larga jornada por Argentina.

En 1951, inicia el primero de varios viajes. Está en diferentes países y hace diferentes trabajos. Consigue estar próximo a los necesitados.

La última acción revolucionaria de Che es en Bolivia, donde lo capturan y lo ejecutan.

4 Contesta:

a) ¿Viste la película *Diarios de motocicleta,* del director brasileño Walter Salles? ¿Te gustó?
b) ¿Puedes contársela al grupo?
c) ¿Se puede afirmar que Che Guevara es un caballero andante moderno?

5 A partir de las fotos de la película *Diarios de motocicleta*, organiza un cómic:

¡Comunícate!

Ya conoces la fotografía más famosa del mundo y su protagonista.

1 Contesta: ¿Por qué la consideran la foto más famosa del mundo?

PARA INTRODUCIR UNA EXPLICACIÓN
Es que *retrata a Che Guevara.*
Es a causa de la *composición estética que retrató Korda.*
Lo que pasa es que *la foto capta una personalidad en un momento histórico.*

2 Explica:

a) ¿Por qué algunas personas llevan la foto de Che Guevara en camisetas?
b) ¿Por qué tienen una foto del Che en el dormitorio?
c) ¿Por qué Che Guevara viajó en moto por América?
d) ¿Por qué Miguel de Cervantes es famoso aún hoy en día?
e) ¿Por qué el libro *Don Quijote* es una obra maestra?
f) ¿Por qué Don Quijote se volvió loco?
g) ¿Por qué Sancho Panza fue el fiel escudero de Don Quijote?
h) ¿Por qué le galardonaron a Rigoberta Menchú el Premio Nobel de la Paz?
i) ¿Por qué algunas personas son famosas para siempre?

Che Guevara

"He nacido en la Argentina; no es un secreto para nadie. Soy cubano y también soy argentino y, si no se ofenden las ilustrísimas señorías de Latinoamérica, me siento tan patriota de Latinoamérica, de cualquier país de Latinoamérica, como el que más y, en el momento en que fuera necesario, estaría dispuesto a entregar mi vida por la liberación de cualquiera de los países de Latinoamérica, sin pedirle nada a nadie, sin exigir nada, sin explotar a nadie."

En: <http://patriagrande.net/>. Fecha de consulta: 26 enero 2011.

¡Diviértete!

- **Completa el crucigrama con el nombre de la pareja de cada uno de estos personajes famosos:**

Julio César: ______________________________

Príncipe Felipe: ______________________________

Don Quijote: ______________________________

Tarzán: ______________________________

Popeye: ______________________________

Isolda: ______________________________

Ulises: ______________________________

Lady Marian: ______________________________

Romeo: ______________________________

2 Con o sin palabras, nos comunicamos

- Relaciona los emoticonos con las opciones para ayudarle al señor a comprender sus mensajes.

Molesto/a

Llorar

Enfadado/a

Carcajada

Beso

Triste

Confuso/a

Guiñada

Resfriado/a

Rabia

Aburrido/a

Feliz

Sorprendido/a

Mentir (Pinocho)

No entendí

Asustado/a

Callarse

A gritos

Tímido/a

emoticonos = símbolos que aparecen en la comunicación por *internet*, creados con letras y señales del ordenador, tecleados en un cierto orden, que se parecen a caritas con diferentes expresiones.

LECCIÓN 1

leer

1 **Observa con atención y clasifica:**

1

2

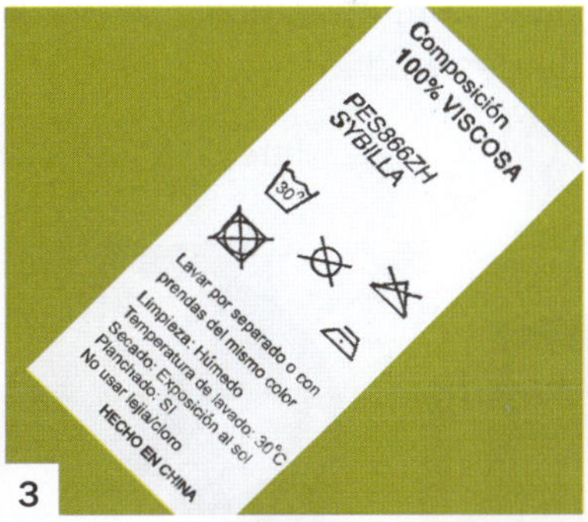

3

4

5

6

7

8

9

10

11

12

- **En las figuras se pueden observar algunos tipos de comunicación. Algunos son verbales y otros no. Clasifícalos en el cuadro, según el número.**

COMUNICACIÓN VERBAL (ORAL O ESCRITA)	COMUNICACIÓN NO VERBAL (SÍMBOLOS, GESTOS, SONIDOS, COLORES, ETC.)	COMUNICACIÓN VERBAL Y NO VERBAL

tip

*La **comunicación no verbal** corresponde a toda forma de comunicación en la que no se usan las palabras. Debemos tener cuidado al emplear los símbolos y gestos para comunicarnos porque su significado puede variar en cada cultura.*

2 **Lee la explicación e intenta relacionar los gestos con su significado:**

Sin palabras
Gestiario argentino

En cada sociedad, se gesticula más o menos y de manera diferente, y la utilización e interpretación de la gestualidad requiere cierto conocimiento. Con la intención de explorar y difundir nuestro vocabulario gestual y optimizar la interacción, presentamos aquí un primer gestiario argentino: nada menos que un catálogo o un repertorio de los gestos más habituales y reconocibles en nuestra comunidad, y a los que recurrimos cotidianamente para comunicarnos. Todos son señales tan típicas y válidas como la "argentinidad".

En: <http://www.lamarcaeditora.com>. Fecha de consulta: 3 febrero 2011.

1. Pagar
2. ¡Te lo juro!
3. Acá
4. Pausa
5. Vení
6. Salí
7. ¿Cómo?
8. Guita
9. Calma
10. En la puenta de la lengua
11. Ni idea
12. Ya
13. De los pelos

guita = plata, dinero.

- **En tu ciudad, con estos gestos, ¿comunicas lo mismo que los/as argentinos/as?**

FÁTIMA • MARGARETH • SÍLVIA

¿MATEAMOS?

Español: ¡Entérate!

Libro
4

Ilustraciones: **Vicente Mendonça**

Editora
Saraiva

Gerente editorial	M. Esther Nejm
Editor	Eneida C. Silva Gordo
Edição de texto	Daisy Pereira Daniel
Assistência editorial	Paulo Ribeiro
Coordenador de revisão	Camila Christi Gazzani
Revisores	Lucia Scoss Nicolai (enc.), Rachel Reis, Sérgio Limolli
Revisão técnica	John Lionel O'Kuinghttons Rodríguez
Coordenador de iconografia	Cristina Akisino
Gerente de artes	Ricardo Borges
Projeto gráfico e Capa	Hamilton Olivieri Jr.
Produtor de artes	Narjara Lara
Coordenador de artes	Aderson Oliveira
Diagramação	Yara Campi
Ilustrações	Vicente Mendonça
Assistente de artes	Juliana Tiemi
Tratamento de imagens	Bernard Fuzetti
Impressão e acabamento	Bercrom Gráfica e Editora

Agradecemos las sugerencias y el soporte lingüístico de
nuestra compañera uruguaya Mercedes Albanell de Vergara.
Fátima, Margareth y Sílvia

Rua Henrique Schaumann, 270 – Cerqueira César – São Paulo/SP – 05413-909
Fone: (11) 3613 3000 – Fax: (11) 3611 3308
Televendas: (11) 3616 3666 – Fax Vendas (11) 3611 3268

Atendimento ao professor: (11) 3613 3030 – Grande São Paulo
0800 0117875 – Demais localidades
atendprof.didatico@editorasaraiva.com.br

Editora Saraiva

www.editorasaraiva.com.br

Bob Kris/Corbis/Latinstock

Etel es una chica uruguaya muy simpática que, actualmente, vive en Chile. Su familia se mudó hace poco por motivos de trabajo. A pesar del poco tiempo que vive allí, ya ha entablado amistad con todos los de su clase.

Esta es una época bastante difícil para todos los del colegio, pues se aproximan los exámenes finales de curso. Por eso, a Etel le pareció una buena idea reunir a un grupo de la clase para estudiar, como acostumbraba hacerlo cuando vivía en Montevideo.

—Es una buena idea estudiar en grupo. Uno le ayuda al otro. Así vamos resolviendo nuestros problemas y también nos divertimos cuando paramos un rato para descansar. Estamos juntos —pensaba Etel. —Creo que a mamá no le importará.

La madre de Etel, doña Elena, concordó con la hija.

—Claro, Etel, ellos pueden venir. Así te integrás más. Además, me parece una buena idea conocer a tus nuevos compañeros de clase.

Al grupo de Etel le encantó la idea. Entre todos, Mauricio, Andrés, Vicente, Inés, Paloma y Etel, decidieron reunirse el sábado siguiente por la tarde.

Por fin, llegó el sábado... Etel y doña Elena recibieron a los chicos.

—¡Mucho gusto, chicos! Espero, de verdad, que estudiar juntos los ayude a sacar buenas notas en los exámenes.

—¡Gracias! —respondieron todos, un poco tímidos, sin saber qué decir.

—Bueno, chicos, mi padre no está y mi madre va a salir dentro de un rato. Entonces, vamos a estudiar en el salón, porque hay más espacio y nos desparramamos por el suelo. ¿Qué les parece? —preguntó Etel.

Todos concordaron y así fue. Empezaron a estudiar. Comenzaron por las asignaturas que les parecían más fáciles. Uno le ayudaba al otro. Revisaron contenidos y elaboraron cuestiones en plan de examen, etc. Así estuvieron entretenidos tres horas. Hasta que Mauricio, el más comilón y delgado del grupo, propuso:

—Bueno, creo que ahora podemos cuidar el cuerpo... Tengo hambre...

—Pues, claro, vamos a la cocina. Mamá nos preparó una merienda.

Doña Elena había preparado una deliciosa merienda con empanadas chilenas que recién había aprendido a hacer con una de sus vecinas. La fuente de empanadas, aún calientes, estaba sobre la mesa. Había también duraznos, refrescos y jugo de frutas.

Durante la exquisita merienda, los chicos relajaron y se rieron bastante de sus propios errores durante los estudios. Algu-

nas veces, contestaban a las preguntas por impulso, sin pensar... y eso de contestar por impulso y no revisar lo que habían hecho por escrito era algo que tendrían que corregir. Muchas veces, sabían la respuesta, pero tenían pereza de volver a lo que habían hecho.

Por fin, los chicos ya estaban satisfechos. Había en el aire una mezcla de sueño y de fuerzas restablecidas. ¿Volver o no a estudiar? Paloma, la más ansiosa del grupo, dijo:

—Bueno, chicos, al salón. No quiero volver a casa tarde. Hoy es sábado y todavía voy a ducharme, lavarme el pelo, pintarme las uñas, esas cosas... —lo decía mientras se miraba las uñas.

—Es que tengo sueño —dijo Andrés.

—Por la noche, dormirás —añadió la práctica Inés.

—Entonces, vamos. ¿Qué vamos a estudiar ahora? —preguntó Vicente.

—Nada muy complicado. Tengo pereza —reforzó Mauricio.

—Entonces, ¿qué tal si mateamos? —preguntó Etel.

—¡¿Matar clase?! —se admiró Andrés. —Pero si estamos en tu casa —completó al final entre una risa y un bostezo.

—No. Etel propone que estudiemos Matemáticas. Ahora no, ni pensar, tengo sueño —dijo Andrés.

—A mí no me importa empezar por mates —aclaró Paloma, todavía entretenida con sus uñas.

—Prefiero empezar por algo más tranquilo. No sé, Ciencias —comentó Inés.

En ese momento, Etel se echó a reír... Todos la miraron con cara de espanto, sin entender lo que pasaba.

—¿Se nos escapó algo? —preguntó Andrés entre un bostezo y otro.

—No, es que... —Etel paró y contuvo la risa. —Perdón, es que no he propuesto nada de eso.

—Muy bien. Entonces, dinos qué has propuesto. ¿Seremos tontos? —preguntó Paloma ya un poco irritada.

—Es que matear es una costumbre uruguaya —explicó Etel.

—¡Qué raro! Escuchándolo mejor suena a matar. ¡Bah! —exclamó Vicente.

—Pues a mí, ya no lo sé. Con el sueño que tengo, no quiero pensar... —añadió Andrés.

—¿Por qué no la dejamos explicarse? Cuéntanos, Etel, ¿de qué se trata? —preguntó Inés tranquilamente.

Etel paró un poco y pensó en la mejor manera de explicárselo a los compañeros. Por fin, empezó:

—¿Saben qué es el mate?

—Yo sí —contestó Inés. —Es una bebida.

—Si no es comida, no me intereso por el tema, pero algo sé, es como un té —añadió Mauricio.

—Si fuera algo bueno para adelgazar, ya habría leído algo en alguna revista —comentó Paloma.

—Es un té que se bebe también en Argentina y Brasil. Pero no lo beben en una taza, ¿verdad? —comentó Vicente.

—Después de tanto suspenso, dinos, Etel, ¿qué es matear? —preguntó Paloma. —¿Tiene algo que ver con el mate?

—Se supone que sí —respondió Andrés ya no tan soñoliento.

—Aplicando conocimientos: ma – te – ar; verbo que se refiere al acto de tomar mate. ¿Es eso, Etel? —preguntó Vicente en tono irónico.

—Sí, más o menos —contestó Etel. —Voy a explicarles, pues es más que eso.

Y así empezó Etel a contarles a sus compañeros sobre lo que significa tomar mate en Uruguay.

—La palabra "mate" se origina de la lengua quechua, *mati*, que significa cuenco o recipiente, hecho con el fruto de una calabacera común, llamada por los indios *purú*. Hay mates hechos con diferentes materiales, según las necesidades de cada región donde se utilizan.

—¡Muy bien! Clase de Cultura —ironizó Mauricio.

—No seas pesado —le regañó Inés. —Continúa, Etel.

Sin hacerle caso a Mauricio, Etel se dirigió a un armario de la cocina y sacó algunas cosas de allí. Se las enseñó a los compañeros y continuó explicando:

Bo Zaunders/Corbis/Latinstock

—Bueno, para tomar mate se necesita el recipiente mate, la bombilla, la yerba mate y agua caliente. Usamos también otras cosas, como la yerbera, el posamate, el termo y la matera, que, en general, es de cuero.

—¡Cuántas cosas! —observó Paloma.

—Ah, sí, pero la matera es una bolsa donde se lleva el mate, el termo, la bombilla y la yerba.

—Fíjense, ya lo sabía, no se toma en taza —recordó Vicente, orgulloso de sí mismo y de sus conocimientos.

—¿Y de qué se hace la yerba mate? —preguntó Mauricio.

—De un árbol color gris blancuzco que mide de altura entre 4 y 6 metros. Solo nace en zonas subtropicales y templadas. Por eso, en América del Sur, la tenemos en Paraguay, norte de Argentina, suroeste de Brasil y en algunos departamentos de Uruguay. El árbol ya existía en la época de los indios, nacía naturalmente. El cultivo comenzó con los jesuitas. Las hojas se secan y después se machacan para obtener las partículas de la yerba.

—¡Muy interesante! —comenta Paloma— pero no nos has dicho qué significa matear.

—Ah sí. Matear significa "tomar mate", es algo cultural, ¿me entienden? En Uruguay es común tomar mate en varios ambientes. La costumbre se inicia en casa, por lo general.

—¡Ah, qué interesante! —exclamó Inés.

—Para la familia puede ser un momento de relax, se intercambian ideas, se discuten problemas familiares, algo de política...

—Voy a proponerlo en mi casa —comentó Mauricio, bastante motivado.

—Ahora, algunos estudiantes, en la época de los exámenes, se reúnen para estudiar y toman mate para tener más energía, encender neuronas —añadió Etel. —Entonces, era eso que les preguntaba si querían tomar para sentirse más despiertos, disfrutar, etc.

—Pues, voy a probar, aunque no me guste el té para nada —dijo Vicente.

—Si me da energía, ¡que venga! A ver si me ahuyenta el sueño —respondió Andrés.

Los demás también aprobaron tomar mate. Etel dijo entonces:

—Yo iba a preguntarles cómo lo querían, pero ya veo que sería otra pregunta tonta.

Todos la miraron otra vez con cara interrogante. Etel no esperó otros comentarios y comenzó a explicar:

—En Uruguay, preparamos el té de diversas maneras. Es que dependiendo de la temperatura del agua se obtienen diferentes sabores: amargo o cimarrón, dulce, cocido (este sirve como alimento). Bueno, pienso que voy a hacer el dulce. Ah, pero también se sirve frío. En este caso, lo llaman tereré.

Stockfood/Latinstock

Los chicos esperaron hasta que el agua estuviera a punto. Etel no la dejó hervir. Luego fue explicando todos los pasos:

—En casa, lo preparamos dulce. Así: ponemos la yerba hasta la mitad del recipiente. Luego, se vierte agua tibia y se deja hinchar la yerba. Después, se clava la bombilla y se va cebando un mate de cada vez, cuidando que se moje la yerba de abajo hacia arriba. ¿Lo ven?

—Sí, sí. Es un arte. Yo no lo sabría hacer —dijo Inés.

—¿Quién empieza? —preguntó Etel.

—Yo —dijo Paloma, agarrando el mate.

Todos esperaron su reacción. Hasta que Paloma dijo, sin entusiasmo:

—Bueno, no está mal.

—¿Querés más?

—No, gracias, no es para tanto —contestó Paloma.

—Me toca a mí —dijo Inés.

Todos lo probaron. La verdad es que le gustó solamente a Vicente, pues le encantan las cosas agrias y amargas. Cuando todos ya lo habían probado, Etel preguntó:

—¿A alguien le apetece un poco más?

Se oyó en unísono un "No, gracias". Etel les preguntó:

—¿No les gustó, verdad?

—Pues, a mí me pareció interesante saber todo eso. Es que no se aprecia algo así, de repente. ¿Verdad? Pero, creo que ahora podemos volver a estudiar. Me siento mejor —concluyó Andrés.

Todos concordaron.

La verdad es que volvieron a estudiar más dispuestos y contentos por haber tenido aquella experiencia gastronómica uruguaya en Chile.

ACTIVIDADES POSTLECTURA

1 **Completa las oraciones según el cuento:**

a) Actualmente, Etel vive en Chile porque ______________

____

____

____

b) Según Etel, estudiar en grupo es una buena experiencia, porque ______________________

____

____

____

____

c) Sobre estudiar juntos, doña Elena cree que es una buena idea, porque ______________________

____

____

____

d) A los/as compañeros/as de Etel les gustó la idea de estudiar juntos. Entonces, ______________

____

____

____

____

2 **Marca** V **para verdadero y** F **para falso:**

a) El padre de Etel les deseó que sacaran buenas notas en los exámenes. ( )

b) Los chicos estudiaron en el salón comedor. ( )

c) Empezaron a estudiar las disciplinas más fáciles. ( )

d) El más comilón y gordo del grupo es Andrés. ( )

e) La madre de Etel les había preparado una merienda. ( )

f) En la merienda había empanadas uruguayas. ( )

g) La merienda estaba rara. ( )

3 **Contesta:**

a) ¿Cómo se sintieron los/as chicos/as después de la merienda?

____

____

____

b) ¿Por qué Paloma parecía tener prisa?

____

____

____

____

c) ¿Cómo los/as chicos/as interpretaron la propuesta de Etel de matear?

____

____

____

____

d) ¿Cómo reaccionó Etel a la mala interpretación por parte de los/as chicos/as?

____

____

____

e) ¿Cómo reaccionaron los/as chicos/as a la risa de Etel?

____

____

____

____

4 **Haz un resumen sobre** tomar mate en Uruguay**.**

____

____

____

____

____

____

5 **Elige un fragmento de diálogo y transfórmalo en una narrativa.**

____

____

____

____

____

____

6 **Elabora con otros/as dos compañeros/as un diálogo entre Etel y sus padres en el que Etel les cuente cómo fue el sábado de estudios por la tarde. Luego, preséntenselo a su clase.**

7 **Escribe un** texto **en el que:**

a) primero, describas la costumbre de tomar *chimarrão* o *tererê* en algún lugar de Brasil;

b) después, compares la costumbre brasileña con la uruguaya.

¡Diviértete!

- **Elabora un** gestiario brasileño**. Te proponemos 2 maneras de hacerlo:**

  a) escenificando los gestos y explicándoselos a los/as compañeros/as;
  b) en carteles con fotos y/o ilustraciones, como el argentino.

leer

1 Lee la viñeta y haz lo que se te pide:

Los gestos
Para el tema ***Comunicación no verbal***, accede y explora este recurso digital.

Las esposas

- **En las afirmaciones, tacha la** peor opción **o la** incorrecta**:**

  a) La escena ocurrió en una calle/un hospital y el tema tiene que ver con un letrero pintado en la boca del metro/un muro.
  b) Un señor hizo un *graffiti*/una obra de arte en un muro/el hospital.
  c) En aquel lugar hay que guardar silencio/ruido, porque hay un hospital/policía en los alrededores/lejos.
  d) El señor no hizo un cartel/una pintada de contenido político-social/artístico.
  e) Un guardia/señor detuvo al delincuente/pintor que hizo la pintada.
  f) El señor/guardia le puso/no le puso al infractor/señor las esposas. Lo llevó sujetado por la gola/el cuello.
  g) Las onomatopeyas son de ruido de besos/choques entre autos/personas.

- **¿Qué provoca el humor en la viñeta? Elige la/s** correcta/s**:**

  Es el hecho de que...

  a) ... las onomatopeyas representan ruidos de choques entre carros.
  b) ... atrapan a un infractor que ya es adulto.
  c) ... la pintada se compone de onomatopeyas.
  d) ... el policía es gordo.
  e) ... las letras de las onomatopeyas son grandes.
  f) ... no se puede hacer ruido en aquella área a causa del hospital.
  g) ... los personajes aparecen en un rinconcito de la viñeta.

h) ... no se puede hacer pintadas en lugares públicos.
i) ... no hay que guardar silencio en aquella calle.
j) ... el contraventor no respeta doblemente la ley.
k) ... el señor estaría haciendo ruido de otra manera, escribiendo las onomatopeyas.

- **A partir de las afirmaciones anteriores, elabora una respuesta completa:**

Lo que provoca el humor en la viñeta es el hecho de que ____________________________.

Primero, ____________________________

y, segundo, ____________________________.

escribir

2 Relata qué le pasó al señor infractor. Puedes usar el vocabulario que te damos:

comisario – culpable
imponer una condena – multar

pintar – muro
tener remedio – borrar

paredes – edificio – ciudad
blanco – tapar

escuchar banda 4

3 **¿Qué dice el guarda a estas personas que están haciendo cosas prohibidas? Numera las figuras según el orden en que aparecen en la grabación.**

1. No practiquen deportes en el parque. Pueden romper las ramas de los árboles y las plantas.
2. No pises el césped. Las plantas son muy sensibles.
3. No des de comer a los animales. Puedes lastimarlos.
4. No nades en ese lago. Puedes ahogarte.
5. No bebas de esta fuente. El agua está contaminada.
6. No tires papeles y basura al suelo. Tienes que preservar el parque.

GRAMÁTICA ¡ENTÉRATE!

Imperativo en la forma negativa (1)

Observa:

*No **pises** el césped.*
*No **aparque** usted el coche aquí. Le pondrán una multa.*
*No **digan** tantas tonterías.*

Con estas oraciones, se expresan prohibiciones, órdenes negativas. Para formarlas se emplea el **presente de subjuntivo** precedido por la partícula **no**.

NO + PRESENTE DE SUBJUNTIVO
No pises *la hierba.*

Presente de subjuntivo

Verbos regulares

Pronombres personales	Verbos terminados en -AR: TIRAR	Verbos terminados en -ER: BEBER	Verbos terminados en -IR: ESCRIBIR
yo	tir**e**	beb**a**	escrib**a**
tú / vos	tir**es**	beb**as**	escrib**as**
Ud. / él / ella	tir**e**	beb**a**	escrib**a**
nosotros/as	tir**emos**	beb**amos**	escrib**amos**
vosotros/as	tir**éis**	beb**áis**	escrib**áis**
Uds. / ellos/as	tir**en**	beb**an**	escrib**an**

escribir

1 Prohíbe a un/a compañero/a hacer estas cosas, según el modelo:

Abrir las ventanas.

No abras las ventanas.

a) Escuchar la radio tan alta.

____

b) Correr por el pasillo.

____

c) Entrar en la sala del director.

____

d) Escribir en las paredes del aula.

____

e) Bajar las escaleras corriendo.

____

f) Comer tantos dulces antes del almuerzo.

____

g) Hablar mal de tus compañeros.

____

h) Olvidarse de ir a la biblioteca.

____

2 **¿Qué comunican las placas? Escríbelo usando el** imperativo en la forma negativa, **como en el modelo:**

a) 

No entres con animales.

b) 

c) 

d) 

e) 

3 **Advierte a estas personas que están a punto de hacer algo peligroso. Usa las expresiones del cuadro para formar las oraciones.**

subir en el muro	molestar al perro	tocar el banco
tocar el cable	comer deprisa/mucho	
coger el cuchillo	cruzar la calle	

a)

b)

c)

d)

e)

f)

g)

LECCIÓN 2

¡Diviértete!

- **¿Quién da cada instrucción? Escribe el número en el cuadrito de la instrucción correspondiente:**

No levante Ud. tanto peso, señor Ramírez. Ud. se lastimará. ☐	*No vayan por ese pasillo, está mojado.* ☐	*No pongas los huevos todavía.* ☐	*¡No hagas chapuzas!* ☐	*No crucéis por la calle. Usad el paso de peatones.* ☐
Cuando veas la señal roja, no sigas recto. Tienes que parar. ☐	*No lo digas gritando, sino llorando. Estás triste.* ☐	*Chicas, no muevan tanto los brazos.* ☐	*No traduzcas todas las palabras.* ☐	*No te muevas tanto. El brazo debe estar recto.* ☐

(1) Profesor de musculación.

(2) Entrenador de tenis.

(3) Profesor de natación.

(4) Instructor de autoescuela.

(5) Profesora de baile.

(6) Profesor de idiomas.

(7) Cocinera.

(8) Director de películas.

(9) Guardia de tráfico.

(10) Bedel.

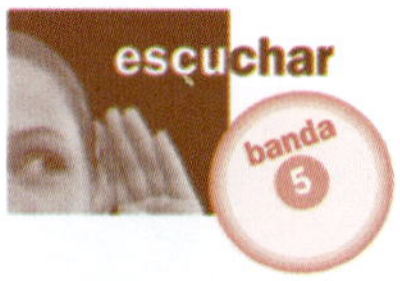

1 Escucha el texto y apunta:

a) 3 órdenes negativas:

____

____

b) 3 órdenes afirmativas:

____

____

- **Lee el texto y confirma tus respuestas:**

Biografía

No cojas la cuchara con la mano izquierda.
No pongas los codos en la mesa.
Dobla bien la servilleta.
Eso, para empezar.

Extraiga la raíz cuadrada de tres mil trescientos trece.
¿Dónde está Tanganika? ¿Qué año nació Cervantes?
Le pondré un cero en conducta, si habla con su compañero.
Eso, para seguir.

¿Le parece a usted correcto que un ingeniero haga versos?
La cultura es un adorno y el negocio es el negocio.
Si sigues con esa chica, te cerraremos las puertas.
Eso, para vivir.

No seas tan loco. Sé educado. Sé correcto.
No bebas. No fumes. No tosas. No respires.
¡Ay, sí, no respirar! Dar el no a todos los nos.
Y descansar: morir.

Gabriel Celaya. En: <http://www.poemas-del-alma.com>.
Fecha de consulta: 7 febrero 2011.

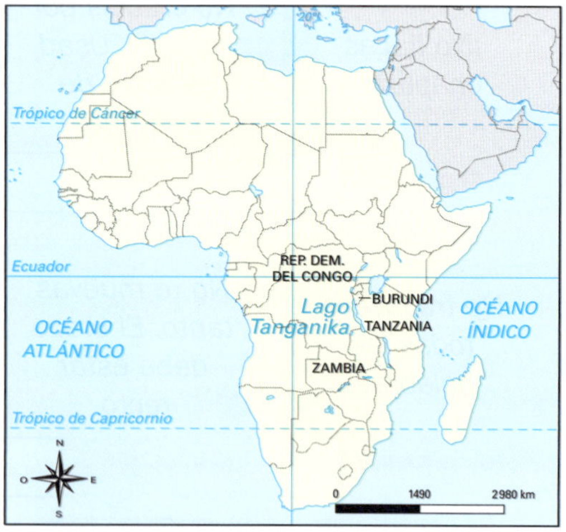

Lago Tanganika (segundo mayor lago del continente africano, compartido por cuatro países: Burundi, República Democrática del Congo, Zambia y Tanzania).

Adaptado de: *Atlas Geográfico Escolar*. Rio de Janeiro: IBGE, 2009.

Gabriel Celaya

Gabriel Celaya (1911-1991, Guipúzcoa/España). De profesión ingeniero, participó de la generación literaria de posguerra española. Es uno de los representantes de la que se denominó "poesía comprometida" (no elitista, al servicio de la mayoría para transformar el mundo). En 1986, fue Premio Nacional de las Letras Españolas.

leer

2 Vuelve a leer el poema de Gabriel Celaya y haz lo que se te pide:

a) ¿A qué etapas de la vida del poeta corresponde cada una de las estrofas del poema?

Etapas de la vida humana (edades aproximadas)

Infancia o edad preescolar: desde que nace hasta cuando empieza en la escuela. → ____________

La niñez: de 4 o 5 hasta los 10 años. → ____________

La pubertad: de 10 a 14 años. → ____________

La adolescencia: de 14 a 21 años. → ____________

La adultez: de 21 a 55 años. → ____________

La vejez: de 55 a 70 años. → ____________

La ancianidad: a partir de los 70 años. → ____________

b) ¿Qué etapas de la vida no aparecen en el poema? ¿Por qué?

____

____

c) ¿Quién/es le diría/n qué al poeta?

1) No cojas la cuchara con la mano izquierda.
2) No pongas los codos en la mesa.
3) Dobla bien la servilleta.
4) Extraiga la raíz cuadrada de tres mil trescientos trece.
5) ¿Dónde está Tanganika? ¿Qué año nació Cervantes?
6) Le pondré un cero en conducta, si habla con su compañero.
7) ¿Le parece a usted correcto que un ingeniero haga versos?
8) La cultura es un adorno y el negocio es el negocio.
9) Si sigues con esa chica, te cerraremos las puertas.
10) No seas tan loco.
11) Sé educado. Sé correcto.
12) No bebas. No fumes. No tosas.
13) No respires.

Padres:

Profesores/as:

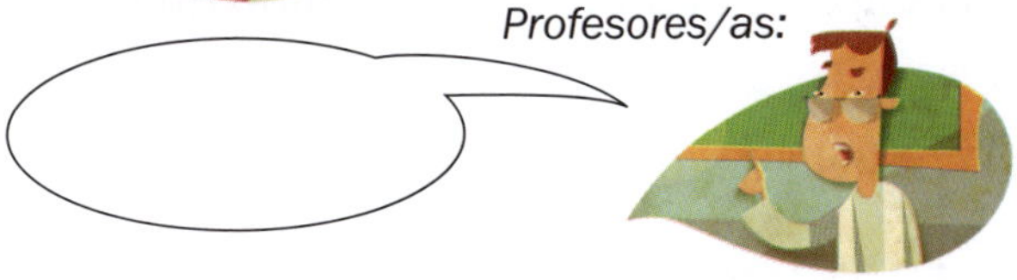

Jefe/a (trabajo):

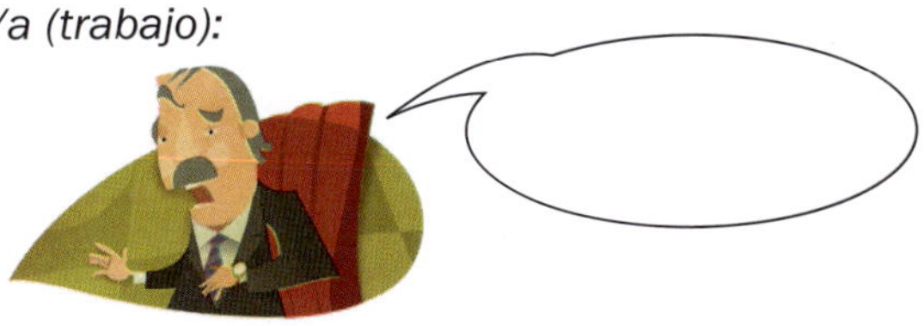

Compañeros/as:

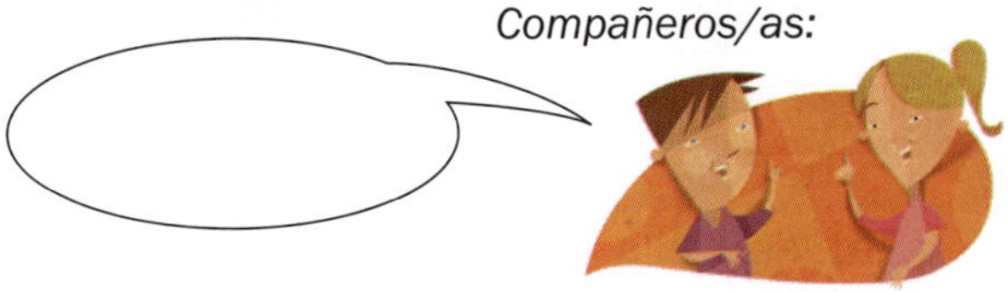

Médico/a:

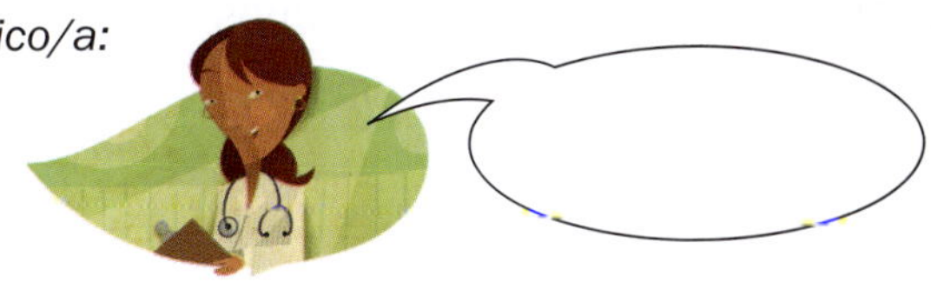

d) ¿Cuáles son los versos que corresponden a lo que dice el poeta y no los padres, los profesores, etc.?

____

____

GRAMÁTICA ¡ENTÉRATE!

Imperativo en la forma negativa (2)

Verbos irregulares

Observa:

Como ya se ha visto, con esas oraciones se puede expresar prohibiciones y órdenes negativas. Sin embargo, en algunos casos, el/la hablante puede querer también instruir a su interlocutor/a, como ya se ha visto en esta lección. Para eso, también va a usar el **presente de subjuntivo** precedido de la partícula **no**.

Presente de subjuntivo

Verbos irregulares

Con irregularidad propia

Pronombres personales	Verbos		
	IR	SER	ESTAR
yo	vaya	sea	esté
tú / vos	vayas	seas	estés
Ud. / él / ella	vaya	sea	esté
nosotros/as	vayamos	seamos	estemos
vosotros/as	vayáis	seáis	estéis
Uds. / ellos/as	vayan	sean	estén

Pronombres personales	Verbos		
	SABER	VER	HABER
yo	sepa	vea	haya
tú / vos	sepas	veas	hayas
Ud. / él / ella	sepa	vea	haya
nosotros/as	sepamos	veamos	hayamos
vosotros/as	sepáis	veáis	hayáis
Uds. / ellos/as	sepan	vean	hayan

Otras irregularidades

Tipo de irregularidad: Cambio de una...	Verbo	1ª o 2ª persona del presente de indicativo	Presente de subjuntivo	Otros verbos con la misma irregularidad
consonante I	CRECER	yo crezco tú creces etc.	crezca crezcas crezca crezcamos crezcáis crezcan	nacer, padecer, conducir, deducir, producir, etc.
consonante II	CABER	yo quepo tú cabes etc.	quepa quepas quepa quepamos quepáis quepan	caberle (*Me cabe el honor de presentar al nuevo presidente.*)
consonante III	INFLUIR	yo influyo tú influyes etc.	influya influyas influya influyamos influyáis influyan	concluir, huir, distribuir, retribuir, etc.
vocal	OÍR	yo oigo tú oyes etc.	oiga oigas oiga oigamos oigáis oigan	

escribir

1 ¿Qué les dice la madre a los hijos?

a) No __________ esa palabra. (decir/tú)
b) No __________ solo lo que quieren oír. (oír/ustedes)
c) No __________ solo lo que queráis ver. (ver/vosotros)
d) No __________ como un loco. (conducir/vos)
e) No __________ al colegio con la ropa sucia. (ir/tú)
f) No __________ los caramelos así. (distribuir/ustedes)
g) No __________ los pies sobre la mesa. (poner/tú)
h) No __________ a causa de nada. (padecer/tú)
i) No __________ tristes por tanto tiempo. (estar/ustedes)
j) No __________ tu frase. (concluir/vos)

2 Advierte a las personas sobre qué no deben hacer. Sigue el modelo:

Estás ultrapasando el límite de velocidad. (conducir – rápido)

No conduzcas tan rápido.

a) Ustedes están haciendo muchas tonterías. (ser locos)

____

b) No estás reciclando nada. (producir tanta basura)

____

c) Eres muy mal educado conmigo, que soy tan gentil contigo. (retribuir a mí de esa manera)

____

d) Tenéis que resolver el asunto. (huir del problema)

____

e) Sos muy malicioso. (deducir disparates)

____

f) Te vas a caer. (moverse)

____

g) Usted está perdiendo la paciencia. (perder la paciencia)

____

h) Vosotros estáis molestando a la profesora. (molestar a la profesora)

____

i) Hay sol y estás encendiendo la luz. (encender)

____

j) Vos estás saliendo de casa. (salir)

____

3 Lee el cuento:

Instrucciones para cantar

Empiece por romper los espejos de su casa, deje caer los brazos, mire vagamente la pared, olvídese. Cante una sola nota, escuche por dentro. Si oye (pero esto ocurrirá mucho después) algo como un paisaje sumido en el miedo, con hogueras entre las piedras, con siluetas semidesnudas en cuclillas, creo que estará bien encaminado, y lo mismo si oye un río por donde bajan barcas pintadas de amarillo y negro, si oye un sabor pan, un tacto de dedos, una sombra de caballo. Después compre solfeos y un frac, y por favor no cante por la nariz y deje en paz a Schumann.

Julio Cortázar. En: <http://www.juliocortazar.com.ar>.
Fecha de consulta: 7 febrero 2011.

- **Vuelve a escribir el cuento de modo que des instrucciones para** no cantar. **Pero usa la forma tú:**

No empieces por romper los espejos de su casa,

____

____

____

____

____

____

____

____

____

____

____

____

____

Historias de cronopios y de famas

En *Historias de cronopios y de famas* (1962), Julio Cortázar escribió el "Manual de Instrucciones", con cuentos como: "Instrucciones para llorar"; "Instrucciones para entender tres pinturas famosas"; "Instrucciones para matar hormigas en Roma"; "Instrucciones para subir una escalera" e "Instrucciones para dar cuerda al reloj".

hablar

4 **¿Qué dirías delante de estas nuevas señales? Usa el** imperativo en la forma negativa, según el modelo**:**

No comas/coman delante de la televisión.

a) 

b) 

c) 

d) 

e) 

5 **Inventa otras señales y pregúntales a tus compañeros/as qué significan:**

¡Diviértete!

1 **Test**. **¿Ya sabes seguir instrucciones? Haz el test y descúbrelo. Pero está prohibido hablar con los/as compañeros/as y con el/la profesor/a:**

Nombre: ______________________________ Curso: ____________

Cómo seguir instrucciones

1. Lee toda la hoja antes de hacer cualquier cosa, pero trabaja tan rápido como sea posible.
2. Escribe tu nombre en el rincón derecho superior de la oración nº 2.
3. Haz un círculo alrededor de la palabra "nombre" de la oración nº 2.
4. Subraya las palabras "rincón derecho superior" de la oración nº 2.
5. En la oración 4, haz un círculo alrededor de la palabra subrayada.
6. Ahora, haz un círculo alrededor del título de esta hoja.
7. Firma tu nombre bajo el título.
8. Escribe el nombre de la ciudad en que nasciste.
9. Subraya la oración nº 7.
10. Marca una X en el rincón inferior derecho de esta hoja.
11. Dibuja un círculo alrededor de la palabra ciudad de la oración 8.
12. Dibuja otro círculo alrededor de la palabra "ciudad" de la oración 8.
13. Di tu nombre bajito mientras sigues estas instrucciones.
14. Si crees que has seguido todas las instrucciones, di: "Las he seguido".
15. Escribe el nombre de tu ocupación actual: ____________________.
16. Cierra los ojos y pon la mano derecha sobre tu cabeza.
17. Cuenta en voz baja del uno al diez.
18. Ahora que has leído todas las instrucciones cuidadosamente, sigue solamente lo que te piden las oraciones 1 y 2 e ignora todas las demás.
19. Por favor, tan pronto termines de leer el test no hagas comentario o des explicaciones. Si has leído hasta aquí, da a entender que aún estás escribiendo. Vamos a ver cuántas personas han seguido las instrucciones correctamente.

2 Contesta:

a) ¿Sabes o no seguir instrucciones? ¿Y tus colegas?

☺ SÍ — ☹ NO ☺ SÍ — ☹ NO

b) ¿Es fácil o difícil seguir instrucciones? ¿Por qué?

____

____

____

c) Con o sin señales, ¿nos comunicamos?

____

____

____

____

____

taller de creación 1

PROYECTO DE HIPERTEXTO: LA BIOGRAFÍA DE UN/A FAMOSO/A

2 Biografía
Para el tema ***Armar un texto biográfico***, accede y explora este recurso digital.

Hipertexto quiere decir "lectura no secuencial". Se trata de la presentación de una información o de informaciones por medio de enlaces (vínculos) de navegación en línea. Su lectura permite que los/as lectores/as naveguen libremente de modo no lineal, lo que les ayuda a crear múltiples rutas de lectura.

Un ejemplo de hipertexto:

Observa cómo a partir de un pequeño fragmento se pueden componer diferentes rutas de lectura a partir de los intereses del/de la lector/a, lo que en el ordenador se haría con un simple pulsar, saltando de un enlace de interés a otro:

__Capriasca__ es una comuna suiza del Cantón del Tesino, situada en el distrito de Lugano, círculo de Capriasca.

Un __poeta__ (__vate__, en lenguaje literario) es un escritor dedicado a la producción de poesía.

***Modernismo** o **Art Nouveau**, un movimiento artístico de finales del siglo XIX y principios del siglo XX, con características similares y equiparables entre los movimientos artísticos europeos de su época, como el estilo Liberty, la Secesión vienesa, etc.*

En: <http://es.wikipedia.org>. Fecha de consulta: 20 febrero 2011.

Observa que, a partir de un pequeño fragmento de biografía, los enlaces le permiten al/a la lector/a ampliar la información de modo casi ilimitado, ya que se puede saltar de un vínculo a otro/s con un simple clic del ratón. También es posible hacer una lista de enlaces, en vez de vínculos que estén metidos en el texto.

La creación de un hipertexto permite la coexistencia de varios autores y es a partir de esta idea que van a elaborar un **proyecto de hipertexto**.

Instrucciones

1. El **tema** del hipertexto será **la biografía de un/a famoso/a del mundo hispánico**. Elaboren el texto de la biografía.
2. A partir de la biografía, hagan un listado con los enlaces que les parezcan pertinentes abarcar. Elijan vínculos que refuercen e ilustren las informaciones.
3. Elaboren los textos de los enlaces, que pueden componerse de: ilustraciones, fotos, palabras (por ejemplo, sinónimos) o frases significativas, ejemplos, etc.
4. Dispongan el hipertexto en una cartulina, de modo que se pueda visualizar el proyecto y que se lo consigan explicar a los/as colegas de clase.

Hipertexto

Fue **Theodore Holm Nelson**, en su libro *Literary machine* (*Máquinas literarias*), quien acuñó la palabra **hipertexto**, alrededor del año de 1965, cuando hacía su maestría en Sociología en la Universidad de Harvard.

3 Me divierto y me ejercito

- ¿Dónde está don Deporte? Encuéntralo en seis lugares diferentes.

LECCIÓN 1

¡Diviértete!

- **Encuentra en la sopa de letras los nombres de los deportes y escríbelos debajo de la foto que les corresponde.**

P	W	U	P	Z	Q	G	L	R	X	G	R	S	E	S	Q	B	O
G	A	U	I	I	B	P	Í	U	Q	S	E	O	I	B	C	U	X
W	R	J	R	X	M	P	J	D	N	P	V	F	U	I	O	W	V
C	E	C	D	L	K	N	D	L	A	H	K	W	C	U	Z	E	W
T	R	C	S	D	E	A	A	F	T	J	J	L	G	Y	E	O	M
S	R	S	P	I	O	V	L	T	R	F	I	P	D	G	X	T	N
S	A	D	A	R	M	I	N	G	A	S	K	G	J	K	L	S	C
I	C	U	T	V	J	S	Z	V	M	C	L	S	E	A	N	E	Q
N	R	T	I	F	U	Z	C	O	I	C	I	U	V	K	I	C	B
E	V	O	N	L	G	A	O	A	V	X	T	Ó	V	S	F	N	N
T	W	F	A	A	M	W	T	S	R	T	V	A	N	V	P	O	V
G	X	X	J	C	G	I	M	N	A	S	I	A	M	J	I	L	M
X	J	I	E	U	C	D	N	H	R	K	N	R	X	K	L	A	Q
B	E	L	C	A	B	Y	H	Z	W	J	L	F	S	Y	C	B	B
V	O	L	E	I	B	O	L	G	X	F	Ú	T	B	O	L	D	K

leer

1 **¿Qué deportes crees que practican estos/as jóvenes? Como ayuda te damos el nombre de algunos.**

a) Fútbol.
b) Baloncesto.
c) Voleibol.
d) Boxeo.
e) Tenis y pimpón.
f) *Hockey*.
g) Senderismo.
h) Piragüismo.

- **Lee los textos y confirma tus respuestas.**

a) Mi deporte preferido es uno que se juega entre dos equipos de once jugadores y en el que estos intentan introducir un balón en la portería del equipo contrario sin tocarlo con las manos.

b) El mío es uno que se juega entre dos equipos de cinco jugadores y en el que estos intentan introducir un balón en la canasta del equipo contrario ayudándose solo de las manos.

c) Practico un deporte que se juega entre dos equipos de seis jugadores y en el que estos intentan lanzar con las manos un balón por encima de una red que divide la cancha, evitando que toque el suelo del campo propio y procurando que caiga en el del contrario.

d) Puedo describir mi deporte preferido así: dos personas luchan a puñetazos con las manos protegidas por unos guantes mullidos en un cuadrilátero. Un combate se divide en varios asaltos.

e) Yo particularmente juego a los dos tipos. Uno se juega con una pelota forrada de tela y una raqueta, en una pista dividida en dos mitades por una red. Hay tres categorías: individual, parejas y mixtas. El otro tipo se juega sobre una mesa rectangular, con una pelota pequeña y lisa, y con palas de madera.

f) El deporte que más me gusta es acuático. Se utiliza una embarcación ligera que se llama kayac propulsada por una pala. Es necesario usar el casco, el chaleco salvavidas y además mi padre también me acompaña en el suyo.

látex producido por varias plantas, que, después de coagulado, es una masa impermeable muy elástica.

camino pequeño y estrecho.

g) El deporte que practico son dos equipos que compiten y que tienen como objetivo llevar una pelota dura o un disco de caucho a la portería contraria, utilizando un bastón largo. También utilizo patines, casco, protector bucal y ropa apropiada.

h) La actividad deportiva que me gusta no es competitiva. Se realiza por caminos identificados por un código de marcas correspondiente a cada país que garantiza la seguridad por el sendero. Voy siempre con algunos amigos y amigas. Me llevo puestas unas zapatillas cómodas y apropiadas para caminar y una mochila con agua y algo de comida.

2 **Lee nuevamente los textos del ejercicio anterior y escribe el nombre de algunos objetos que se utilizan en los diferentes deportes.**

a) Fútbol

____

____

b) Baloncesto

____

____

c) Voleibol o balonvolea

____

____

d) Boxeo

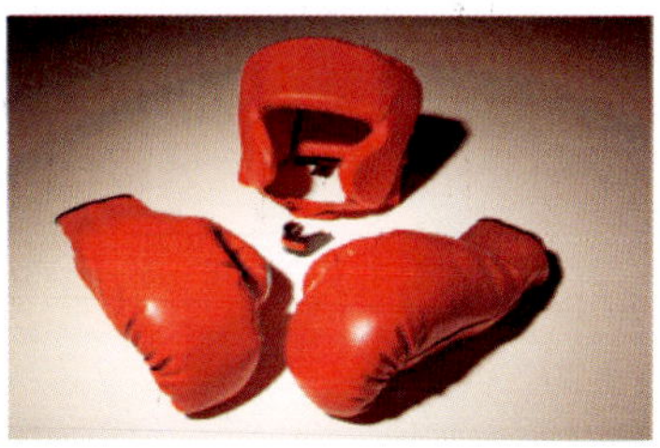

____

____

e) Tenis / Pimpón

f) Piragüismo

g) *Hockey*

h) Senderismo

escribir

3 Contesta:

¿En qué deporte/s...

a) ... se mete gol?

b) ... se gana por total de puntos?

c) ... se necesita equipo de protección especial?

d) ... se ponen canciones?

e) ... se usa balón?

____

____

4 **¿Cuál/es practicas?**

____

- **¿Qué deportes te gustan más: los individuales, con otro/a jugador/a o en equipo? ¿Por qué?**

____

- **Y en tu colegio, ¿qué deportes se practican en las clases de Educación Física? ¿Y en el recreo?**

5 **Contesta:**

a) ¿Por qué se practica un deporte?

____

b) ¿Practicas algún deporte de riesgo? ¿Cuál/es?

____

c) ¿Utilizas accesorios de seguridad?

____

d) En los deportes que están en el ejercicio anterior, ¿hay alguno que necesita accesorio de seguridad? ¿Cuál/es?

____

e) ¿Te parecen necesarios los accesorios de seguridad? ¿Por qué?

____

hablar

6 **Observa la viñeta y habla con tus compañeros/as:**

parchís = juego que en Brasil se llama "ludo".

codera = que proteje los codos.

- **Marca** Sí **o** No:

	SÍ	NO
a) El niño lleva casco, protector ocular, chaleco salvavidas, guantes y codera.		
b) El niño usa protector bucal.		
c) Los accesorios que lleva el niño son importantísimos para el juego que va a jugar.		
d) El padre piensa que es mucha protección para el niño.		
e) La madre no está preocupada por sobreproteger al niño.		
f) La madre está bien informada sobre la necesidad de los accesorios de seguridad adecuados a cada práctica deportiva.		

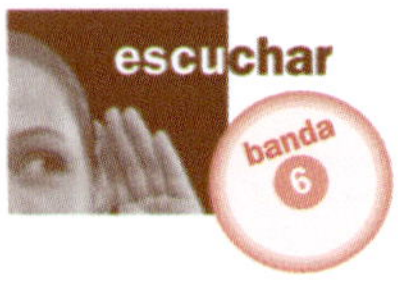

7 **Escucha los consejos que da el médico sobre cómo prevenir las lesiones deportivas y completa los vacíos.**

10 consejos para prevenir las lesiones deportivas

- ________________ equipo adecuado con accesorios de protección que sean de tu talla y te ajusten bien.
- ________________ casco si juegas al béisbol o al *hockey*, montas en bicicleta, en monopatín o patina.
- ________________ protectores oculares como las gafas irrompibles, si practicas deportes de raqueta o baloncesto.
- ________________ los zapatos, zapatillas o patines correctamente.
- ________________ los cordones de manera que no se suelten durante la práctica.
- ________________ protectores bucales, si practicas juegos de riesgo.
- ________________ bien los guantes para que no se suelten de tus manos.
- ________________ al entrenador sobre materiales de amortiguación que serían recomendables llevar durante la práctica deportiva.
- ________________ antes de comprar, si el equipo protector está aprobado por las organizaciones que regulan cada práctica deportiva.
- ________________ correctamente los accesorios de seguridad y ________________ apropiadamente para asegurar su eficacia con el tiempo.

- **Ahora contesta:**

a) ¿Cómo se debe usar el equipo de seguridad?

____

b) ¿Cuándo se debe usar casco?

____

c) ¿Qué se debe hacer cuando se juega a los deportes de raqueta y al baloncesto?

___

d) ¿Cómo se debe llevar los zapatos, zapatillas y patines?

___

___

e) ¿Qué se debe hacer antes de comprar el equipo de seguridad?

___

___

___

GRAMÁTICA ¡ENTÉRATE!

Imperativo en la forma afirmativa (1)

Observa:

***Utiliza** equipo adecuado con accesorios de protección.*

***Calza** los zapatos.*

***Guarda** correctamente los accesorios.*

3 El jugador de baloncesto
Para el tema ***Práctica del modo imperativo***, accede y explora este recurso digital.

Recuerda:

Se usa **tú**, **vosotros/as** y **vos** para tratamiento informal, de intimidad.

Se usa **usted** y **ustedes** para tratamiento formal, de respeto.

Estas oraciones sirven para **aconsejar**. Las formas verbales **en negrita** están en **imperativo en la forma afirmativa**.

Pronombres personales	Verbos terminados en -AR	Verbos terminados en -ER	Verbos terminados en -IR
tú	habl -a	beb -e	escrib -e
vos	habl -á	beb -é	escrib -í
usted	habl -e	beb -a	escrib -a
nosotros/as	habl -emos	beb -amos	escrib -amos
vosotros/as	habl -ad	beb -ed	escrib -id
ustedes	habl -en	beb -an	escrib -an

El **imperativo** puede usarse también para **ordenar**, **ofrecer**, **pedir**, etc., aunque se puede usar otra manera para hacerlo.

Cierra *la puerta por favor.* → *¿Podrías cerrar la puerta?*
Déjame *tu goma.* → *¿Me dejas tu goma?*
Da *gracias.* → *Yo en tu lugar, daría gracias.*

Cuando se emplea el imperativo de verbos acompañados por pronombres, como en "*Cóme**te** las frutas*", "*Déja**me** tu goma*", los pronombres van **después** del verbo y unidos a él, **sin guion**.

Recuerda y observa:

Los verbos que sufren alteración en la raíz mantienen ese cambio en algunas personas del imperativo en la forma afirmativa.

Pronombres personales	Presente de indicativo	Imperativo en la afirmativa	Presente de subjuntivo
yo	juego	—	juegue
tú	juegas →	**juega**	juegues
usted	juega	**juegue**	← **juegue**
nosotros/as	jugamos	**juguemos**	← **juguemos**
vosotros/as	jugáis	*jugar – r + d* → jugad	juguéis
ustedes	juegan	**jueguen**	← **jueguen**

escribir

1 ¿Qué tienen que hacer estos/as chicos/as? Aconséjalos/as, conjugando los verbos del cuadro en imperativo en la forma afirmativa.

comprar una pala	llamar a una amiga
asistir a un cursillo de parapente	cortar la hierba

a) ______________________

b) ______________________

c) ______________________

d) ______________________

2 Pon los verbos en imperativo en la forma afirmativa en la segunda persona del singular (tú):

a) ______________ a Raquel a las doce. (llamar)
b) ______________ la comida para la cena. (comprar)
c) ______________ toda la comida. (comer)
d) ______________ a tu padre a la salida del colegio. (esperar)
e) ______________ las pastillas para la gripe. (tomar)
f) ______________ a tus compañeros. (respetar)
g) ______________ cartas a tus amigas españolas. (escribir)
h) ______________ la hierba del jardín. (cortar)
i) ______________ antes de la cena. (bañarse)

3 **Aconseja a estas personas usando el** imperativo en la forma afirmativa **en la segunda persona del singular** (tú)**:**

Tengo dudas sobre los ejercicios. → Consulta al profesor.

a) Tengo mucha hambre. ____________________

b) Tengo poco dinero. ____________________

c) Me siento solo/a. ____________________

d) Mi blusa está rota. ____________________

e) El profesor ha pedido una redacción sobre los deportes.

____

f) La casa está sucia. ____________________

g) Tengo ganas de ver a mis abuelos que viven en el interior.

____

4 **Pasa las frases al** imperativo en la forma afirmativa**:**

a) ¡No comas más! ____________________

b) ¡No bebas tanta agua fría! ____________________

c) ¡No llegue usted tarde! ____________________

d) ¡No juguéis mal al baloncesto! ____________________

e) ¡No escribas una carta! ____________________

f) ¡No llamés al médico! ____________________

g) ¡No trabajen hasta muy tarde! ____________________

5 **Completa las frases correctamente con el** imperativo en la forma afirmativa**.**

a) ¡__________ bastante! (divertirse – tú)
b) ¡__________ y __________ siempre! (jugar – practicar – tú)
c) __________ las informaciones para el examen. (leer – usted)
d) __________ la revista de este mes. (comprar – ustedes – a mí)
e) ¡__________ la ventana! (cerrar – vosotros)
f) ¡__________ los accesorios de seguridad con cuidado! (guardar – ustedes)
g) ¡__________ para que no hagas daño en tus amigos! (cuidar – tú)
h) ¡__________ para la evaluación! (prepararse – vos)

LECCIÓN 2

leer

1 **Vas a leer un texto sobre la práctica del deporte para todas las personas y de todas las edades. ¿Qué temas abarcará? Rodea la letra de las alternativas que te parecen que estarán en el texto.**

a) Los niños no pueden practicar deportes.
b) Todas las personas pueden practicar deportes sin excepción.
c) Las actividades físicas, si adecuadas, ayudan a todas las personas.
d) Los mayores no pueden practicar deportes porque se pueden lesionar.
e) Los niños pueden practicar deportes solo con los accesorios de seguridad.
f) Hay actividades adecuadas a todas las edades.
g) Las actividades físicas evitan el envejecimiento.

Algunos consejos para practicar deporte a cualquier edad

El tiempo pasa para todos nosotros y nuestro cuerpo lo nota, por este motivo debemos realizar diferentes **entrenamientos adaptados a cada época de nuestra vida**, ya que no es lo mismo entrenar cuando somos jóvenes y estamos en la plenitud de nuestras facultades o cuando somos más mayores y nuestro cuerpo no responde de la misma manera.

Es **importante que a todas las edades practiquemos deporte** pero tenemos que saber la mejor forma de hacerlo para trabajar de la manera correcta en cada época de nuestra vida. Por ejemplo, la actividad deportiva más recomendable para **la niñez y la adolescencia** es aquella en la que entre en acción todo el cuerpo. (...) Por este motivo actividades como los deportes colectivos o de equipo son totalmente recomendables, ya que es un momento en el que el cuerpo está creciendo y por lo tanto no podemos incidir directamente en los músculos y huesos con esfuerzos innecesarios que pueden frenar su desarrollo.

A partir de **los veinte años** la situación de nuestro cuerpo cambia, ya que los huesos y los músculos están formados y en plenas facultades. (...) Son recomendables todo tipo de actividades grupales, deportes, ejercicio aeróbico, musculación...

A medida que vamos ganando edad el cuerpo empieza a perder facultades. Concretamente de **los 30 a los 40** nuestra capacidad pulmonar tiende a reducirse, por lo que debemos practicar ejercicios encaminados a mejorar nuestra potencia respiratoria. (...) Por ello debemos incidir con mayor fuerza en cada zona para mantener los músculos tonificados y en perfectas condiciones.

(entrenamientos): ________________________________

(facultades): *capacidad o aptitud física o moral que posee alguien.*

(niñez): ________________

(aeróbico): *ejercicio basado en el control del ritmo respiratorio.*

(tonificados): *vigorizados; fortalecidos.*

moderar, aplacar o suavizar la dureza de algo.

ejercicios físicos que sirven para estirar y calentar los músculos con el fin de evitar lesiones y favorecer su funcionamiento.

____
____
____

Cuando llegamos a **los 40** la situación cambia, ya que es una época en la que aparecen muchos problemas óseos y dolores que el ejercicio nos ayudará a mitigar. Es importante practicar deporte, aunque sí que es cierto que de forma mucho más moderada. (...) Es importante que además de entrenar realicemos largas sesiones de estiramientos para evitar perder flexibilidad y mantener nuestros músculos más jóvenes y en perfectas condiciones.

A partir de los 50 nuestro cuerpo comienza a notar más el paso del tiempo. Es importante que realicemos ejercicio para evitar el envejecimiento prematuro, ya que la actividad física nos mantendrá jóvenes por más tiempo. El ejercicio a esta edad debe ser moderado, y tiene que estar encaminado a trabajar la movilidad y la flexibilidad del organismo. Es fundamental no dejar que el cuerpo se quede inmóvil. (...) La natación puede ser una buena opción por lo poco traumático que es el agua para el organismo. (...)

En: <http://www.vitonica.com>. Fecha de consulta: 18 enero 2011.

- **Según el texto completa el cuadro aconsejando:**

PARA PERSONAS:	CONSEJOS
niños y adolescentes	
de 20 años	
de 30 años	
de 40 años	
de 50 años o más	

GRAMÁTICA ¡ENTÉRATE!

Dónde poner los pronombres átonos con los imperativos en la forma afirmativa

Observa las oraciones: *Muéve**te** mucho.* *Áta**te** los cordones.* *Protéjan**se** ustedes los dientes.* *Cómpren**me** la revista.*

Los pronombres átonos se ponen **después** y **juntos** al verbo con los **imperativos en la forma afirmativa**.

escribir

1 **Observa la imagen y escribe lo que piden las personas. Usa el** imperativo en la forma afirmativa.

pasar – encender – traer – cerrar – abrir – apagar – contestar

1. ______________________
2. ______________________
3. ______________________
4. ______________________
5. ______________________
6. ______________________
7. ______________________

2 **Reescribe las oraciones del ejercicio anterior y sustituye los pronombres complemento directo.**

1. ______________________
2. ______________________
3. ______________________
4. ______________________
5. ______________________
6. ______________________
7. ______________________

3 **Pasa las oraciones al** imperativo en la forma afirmativa **y sustituye los pronombres complementos que sean posibles:**

a) No me llames temprano.

____

b) No le compres la revista a Anna.

____

c) No busquen ustedes el libro.

____

d) No entregues la carta al cartero.

____

e) No dejes el pan sobre la mesa.

____

f) No toquéis las flores.

____

g) No entregues los trabajos al profe.

____

h) Y vos, no me hables así.

____

4 **Elige un deporte y haz una investigación. Debes hacerla en un folio a parte. Haz el texto como los del ejercicio 3 de la lección 1. Para ayudarte te damos un listado.**

canicross = deporte que se basa en correr atado a su mascota (perro)

béisbol – ciclismo – montañismo – pelota vasca – rugby
polo – polo acuático – piragüismo – *hockey* – rápel
senderismo – golf – carrera – patinaje – natación
gimnasia – esquí – balonmano – canicross

Canicross.

Pelota vasca.

Pelota vasca

Es un deporte tradicional vasco practicado principalmente en la zona norte de España. (...) Generalmente requiere la participación de, al menos, dos jugadores o bien dos equipos que en líneas generales golpean por turnos una pelota contra un muro llamado "frontis", hasta conseguir un tanto. (...)

En: <http://es.wikipedia.org>. Fecha de consulta: 18 enero 2011.

tanto = unidad de cuenta en muchos juegos o deportes.

¡Comunícate!

- **Lee el diálogo y haz lo que se te pide:**

PARA INFORMARSE SOBRE LOS DEPORTES / LAS ACTIVIDADES FÍSICAS
¿Qué necesito para practicar... (deporte)?
¿Es necesario usar equipo de seguridad?
¿Qué objetos necesito para jugar a/al...?
¿Es necesario preparo físico especial?
¿Es un deporte de riesgo?
¿Es un juego típico de tu país?
¿Es el juego favorito de tu país?
¿Se juega solo?
¿Se juega en equipo?
¿Los equipos compiten entre ellos?
¿Se escucha música mientras se practica?

¡Diviértete!

- **En parejas. Tienes que descubrir qué deporte ha investigado tu compañero/a. Hazle preguntas como las del cuadro. El/La que conteste debe responder de manera correcta. Ganará puntos el/la compañero/a que descubra el deporte. Si el/la compañero/a no consigue descubrirlo será punto para el/la que investigó.**

escuchar banda 1

1 Vas a escuchar un texto. Lee las opciones antes de escucharlo y marca V para verdadero y F para falso:

a) El personaje aprendió a nadar en seco. (   )
b) Es menos ventajoso que nadar en el agua. (   )
c) Nadar en seco no posibilita ahogarse porque ya se está en el fondo. (   )
d) Nadar en seco permite que no te pesquen. (   )
e) La ausencia del agua hincha a los que se ahogan. (   )
f) Nadar en seco es bueno porque la persona puede estar atenta a todo. (   )
g) A todos los amigos del personaje les gustó la idea. (   )
h) Los amigos del personaje no conseguían mirarlo. (   )
i) El personaje se siente incómodo nadando en seco pero no tiene coraje de nadar en el agua. (   )

Virgilio Piñera Llera

Poeta, narrador y dramaturgo cubano. Nació el 4 de agosto de 1912 en Cárdenas, Cuba, y murió en La Habana, Cuba, el 18 de octubre de 1979.

- **Escucha el texto y completa los vacíos.**

Natación

He aprendido a ________________ en seco. Resulta más ________________ que hacerlo en el agua. No hay el temor a ________________ pues uno ya está en el fondo, y por la misma razón se está ________________ de antemano. También se evita que tengan que ________________ a la luz de un farol o en la claridad deslumbrante de un ________________ día. Por último, la ausencia de agua evitará que nos ________________.

No voy a negar que nadar en seco tiene algo de ________________. A primera vista se pensaría en los estertores de la muerte. Sin embargo, eso tiene de distinto con ella: que al par que se ________________ uno está bien vivo, bien alerta, escuchando la música que entra por la ventana y mirando el ________________ que se arrastra por el suelo.

Al principio mis amigos censuraron esta decisión. ________________ a mis miradas y ________________ en los rincones. Felizmente, ya pasó la crisis. ________________ saben que me siento cómodo nadando en seco. (...)

Virgilio Piñera. En: URIZ, Francisco J. *Cosas que pasan*. Madrid: Edelsa, 1990. p. 52.

2 Relaciona las columnas y descubre lo que significan:

1) estertores
2) sin embargo
3) agoniza – agonizar
4) agónico
5) se hurtaban – hurtar

(   ) ocultar, desviar.
(   ) respiración que produce un sonido involuntario, ronco o como un silbido, que suele presentarse en los moribundos.
(   ) en portugués: *entretanto*.
(   ) relativo al estado de agonía.
(   ) estar en agonía, luchar un enfermo entre la vida y la muerte.

hablar

3 **Habla con tu compañero/a:**

a) ¿Conoces a alguien que nada en seco o que haya nadado?
b) ¿Te gustaría nadar en seco? ¿Por qué?
c) ¿Encuentras alguna ventaja en nadar en seco? ¿Y desventaja?
d) ¿Qué sensación puede sentir una persona cuando nada en seco?

escribir

4 **¿Cómo aconsejas a un/a compañero/a que va a nadar en seco? Usa los verbos que están en el cuadro. No es necesario que utilices todos.**

mover – girar – saltar – flotar
abrir – respirar – bucear – tumbarse
escuchar – disfrutar – cerrar

¡Diviértete!

- **Sigue las instrucciones:**

1º Elige un deporte que sea difícil practicarlo de otra manera. Por ejemplo: paracaidismo y piragüismo en el suelo.
2º Escribe un texto como el de Virgilio Piñera, contando las ventajas y desventajas de practicarlo de esa nueva manera.
3º Escribe, en folio a parte, un texto en el que aconsejas a tu compañero/a a practicarlo, usando el imperativo en la forma afirmativa y negativa.
4º Entrégale el texto a tu profesor/a para corregírtelo.

4 Mi ciudad es un sueño

- **Busca en la sopa de letras los nombres que están en negrita en los textos.**

El **canal de Panamá** es un canal de navegación entre el mar Caribe y el océano Pacífico. Inaugurado el 15 de agosto de 1914, acorta la distancia y tiempos de comunicación marítima, produciendo adelantos económicos y comerciales.

El **Acueducto de Segovia**, en España, es uno de los monumentos más significativos y mejor conservados de los que dejaron los romanos en la península Ibérica. Recorre más de 15 kilómetros antes de llegar a la ciudad.

L	A	Z	S	I	Y	H	M	H	D	B	A
P	I	G	K	A	X	L	O	Z	A	F	G
O	V	M	Z	Q	Y	A	N	Z	M	Y	N
C	O	L	A	U	X	Z	T	A	I	A	O
A	G	T	N	Á	Ú	R	E	P	L	A	M
P	E	U	I	M	W	B	V	U	Y	X	A
I	S	Y	T	A	Y	X	I	E	A	U	R
X	E	K	N	N	Z	O	D	N	G	R	A
W	D	C	E	A	P	D	E	T	R	E	P
R	O	A	G	P	S	A	O	E	U	C	E
Z	T	L	R	E	E	J	K	D	N	I	D
K	C	Í	A	D	R	E	F	E	Q	M	A
J	U	H	C	L	I	N	B	L	V	S	Z
Á	D	O	T	A	A	U	A	A	W	P	E
B	E	I	L	N	S	F	T	M	F	O	L
V	U	N	I	A	O	I	A	U	J	I	A
R	C	A	G	C	N	L	A	J	A	O	T
K	A	M	Y	W	E	E	W	E	F	L	R
L	A	G	Y	A	U	G	U	R	U	N	O
S	O	L	Í	S	B	X	B	A	J	M	F

El Teatro **Solís** constituye el principal escenario artístico de la ciudad de **Montevideo, Uruguay**.

El **Puente de la Mujer** es un puente peatonal en la ciudad de **Buenos Aires, Argentina**, dividido en tres secciones: dos fijas en ambas márgenes del dique y una móvil que gira y permite el paso de embarcaciones. El diseño representa una pareja bailando tango.

Fortaleza de Paramonga, en **Lima, Perú**, es un complejo arqueológico. Su principal edificio, la llamada Fortaleza, es una construcción de tres niveles. Se menciona que los recintos superiores son construcciones hechas por los Incas.

LECCIÓN 1

hablar

1 Marca las opciones que hay en tu ciudad o lo que te gustaría que hubiera y añade otras, si es necesario.

Parque Nacional dos Lençóis Maranhenses, Maranhão.

Parque Nacional da Tijuca, Rio de Janeiro.

São Joaquim, sierras de Santa Catarina.

Monumento às Bandeiras, de Vítor Brecheret, en São Paulo.

( ) playa
( ) monumentos históricos
( ) montaña
( ) desierto
( ) parques nacionales
( ) los días claros
( ) la falta de árboles
( ) ruinas
( ) cuevas
( ) clima templado
( ) lluvias diarias
( ) mucho calor todo el año
( ) los días despejados
( ) la falta de playa
( ) nieve
( ) plaza con árboles
( ) teatro
( ) cine
( ) sitios arqueológicos
( ) el calor
( ) la niebla
( ) muchos coches

2 **Habla con tus compañeros/as y contesta a las preguntas. Como ayuda, puedes usar las opciones del ejercicio 1:**

a) ¿Te gusta tu ciudad?
b) ¿Qué te gusta menos en tu ciudad? ¿Por qué?
c) ¿Qué te gusta más en tu ciudad? ¿Por qué?
d) ¿Qué tiene de mejor tu ciudad? ¿Por qué?
e) ¿Qué tiene de peor tu ciudad? ¿Por qué?

leer

3 **Lee el texto:**

Mi ciudad ideal

Esto del frío, los días feos y la lluvia ya me tiene muy aburrida. Espero todos los días despertarme con sol, no solamente por el calorcito, sino que (...) ver el cielo despejado me levanta el ánimo, hace que me sienta más bonita y me dan muchas ganas de hacer cosas, incluso esas que no me gustan.

Es tanto mi odio al invierno que muchas veces pienso que debería irme de Santiago a un lugar donde el clima me haga sentir mejor. Si me pongo a pensar dentro de nuestro país definitivamente mi opción sería el norte y dentro de él creo que optaría por Iquique. Me encanta su clima, sus playas, y la mezcla de desierto y mar me fascina. Pero soy periodista y es bastante difícil encontrar un buen trabajo lejos de la capital.

Si me pongo soñadora y busco un lugar en el mundo donde me gustaría vivir, creo que elegiría Málaga, al sur de España. Una vez más mi decisión estaría marcada por el buen clima, la playa y un lugar no muy grande en que las distancias sean cortitas. Además la ciudad es preciosa.

Supongo que para otros es mucho más importante el tema de la actividad cultural y elegirían lugares como Nueva York o Buenos Aires; la seguridad y preferirían Australia o Canadá; o la vegetación y la tranquilidad y sin duda se irían al sur. En mi caso, no podría elegir un lugar en el que lloviera todo el tiempo y estuviera pegada a la estufa.

En: <http://www.zancada.com>. Fecha de consulta: 26 enero 2011.

despejado: ______________________

me pongo: *me transformo en algo pero momentáneamente.*

Supongo: ______________________

pegada: *está una cosa próxima o contigua a otra.*

Iquique

Iquique: ciudad portuaria; zona franca y comuna capital de la Provincia de Iquique y de la Región de Tarapacá, Chile. Nombre que, en quechua/aimara, significa "lugar de descanso".

Zona franca: es un área geográfica, autorizada expresamente por el Gobierno, para el establecimiento de fábricas cuya producción tenga básicamente como destino la exportación, con grandes beneficios del orden tributario.

Comuna: es una subdivisión administrativa de Chile, menor que corresponde a una zona urbana, rural, o mixta.

4 **Marca la alternativa correcta y completa las oraciones según el texto:**

1) ¿Quién escribió el texto?

a) Un hombre.
b) Una mujer.
c) Un niño.
d) Una niña.

2) ¿Cómo sabes que el autor/la autora es del sexo femenino/masculino?

a) Está marcado en el texto por el uso de algunas palabras.
b) El nombre debajo del titular lo sugiere.
c) Por la referencia bibliográfica.

El texto dice: ______________________________

3) ¿Qué no le gusta/n a la escritora en su ciudad?

a) Los establecimientos.
b) El clima.
c) Su vivienda.

4) ¿Qué tipo de ciudad le encanta a la escritora?

a) Ciudad playera.
b) Ciudad campesina.
c) Ciudad moderna y grande.

La ciudad que a ella le gustaría vivir es: ______________________

Santiago, Chile.

5) ¿Por qué la autora sigue viviendo donde no le gusta vivir?

a) Porque no tiene dinero para cambiarse de ciudad.
b) Porque su piso es muy bueno.
c) Porque tiene trabajo y para su profesión lo mejor es vivir en la capital.

La autora vive en ______________________ y es ______________________

6) ¿Qué odia la escritora?

a) El invierno.
b) El calor.
c) Los días despejados.

Málaga, España.

escribir

5 **La autora del texto "Mi ciudad ideal" estaba soñando y dibujó un plan de su ciudad ideal. Obsérvalo y luego haz lo que se te pide:**

rotonda = plaza circular. En el plan de la ciudad hay dos rotondas (Plaza de Colón y otra entre la calle Gaudí y la calle Violeta)

parking = aparcamiento público o privado. En portugués: *estacionamento*.

- **Observa el plan y luego contesta a las preguntas:**

a) ¿Dónde está la Biblioteca Nacional?

____

b) ¿Dónde está el hospital?

____

c) ¿Dónde está la central de informaciones?

____

d) ¿Dónde está el Parque Nacional?

____

e) ¿Dónde está la estación de trenes?

____

6 **Lee lo que preguntan algunos turistas al personal de la central de informaciones y escribe las respuestas que les dan:**

a) —Por favor, ¿cómo puedo llegar a la calle Albacete si estoy en la estación del Metro?

____

b) —Por favor, estoy en el hotel, en la calle León. Quiero ir al Parque Nacional. ¿Dime, cuál es el camino más corto?

____

____

c) —Dime, por favor, voy al cine en la Avenida de las Flores, ¿dónde puedo aparcar el coche?

____

¡Comunícate!

1 Observa los diálogos:

PARA PEDIR INFORMACIONES/DIRECCIONES	PARA INDICAR DIRECCIONES
¿Cómo llego a/al...?	Siga/Sigue todo recto.
¿Me puedes explicar dónde se encuentra...?	Vaya/Ve todo seguido.
¿Cómo voy a/al...?	Gire/Gira a la derecha/izquierda.
¿Cómo puedo ir a/al...?	No gire/gires a la derecha/izquierda.
¿Qué tengo que hacer para llegar a/al...?	Haga/pase/cruce/Haz/pasa/cruza la rotonda.
¿Dónde está el/la...?	Vaya/Ve por el/la...
¿Qué camino es el más rápido para llegar al/a la...?	Cruce/Cruza la calle.
	Pase/Pasa por el semáforo.

2 **Habla con tu compañero/a. Usa el plan de la ciudad de la página 68 para ayudarte. Indica dónde estás y dónde quieres llegar.**

A – Pregunta cómo llegar a un destino.
B – Le responde.

a) A (hospital): ______________________________

____

B: ______________________________

____

____

b) A (teatro): ______________________________

____

B: ______________________________

____

____

c) A (estación de trenes): ______________________________

____

B: ______________________________

____

____

d) A (aquí vas a elegir tu destino): ______________________________

____

B: ______________________________

____

____

e) A (aquí vas a elegir tu destino): ______________________________

____

B: ______________________________

____

____

GRAMÁTICA ¡ENTÉRATE!

Imperativo en la forma afirmativa (2)

Verbos irregulares

Observa:

Sal *por la calle León y* ***sigue*** *por la avenida de Las Flores.*

Ve *por la Gran Vía.*

- Pérdida de una sílaba en la forma **tú**, que ocurre solo en 8 verbos:

Pronombres personales	Verbos			
	DECIR	HACER	IR	PONER
tú	di	haz	ve	pon
vos	decí	hacé	*	poné
usted	diga	haga	vaya	ponga
nosotros/as	digamos	hagamos	vayamos	pongamos
vosotros/as	decid	haced	id	poned
ustedes	digan	hagan	vayan	pongan

Otros verbos que se conjugan como **poner**: **suponer**, **sobreponer**, **componer**, **reponer**.

¡Ojo! No es usual la flexión del verbo **ir** para el tratamiento **vos**, sino el uso de **andar**: andá.

Pronombres personales	Verbos			
	SALIR	**TENER**	**SER**	**VENIR**
tú	sal	ten	sé	ven
vos	salí	tené	sé	vení
usted	salga	tenga	sea	venga
nosotros/as	salgamos	tengamos	seamos	vengamos
vosotros/as	salid	tened	sed	venid
ustedes	salgan	tengan	sean	vengan

Otros verbos que se conjugan como **tener**: **detener**, **mantener**, **sostener**, **retener**.

escribir

1 Completa las oraciones con el imperativo en la forma afirmativa **de los verbos pedidos:**

a) ¡____________ paciencia! (tener – vosotros)
b) ____________ la verdad. (decir – vos)
c) Nosotros vamos a salir ahora y tú, ____________ una hora después. (salir)
d) ____________ cuidado. (tener – ustedes)
e) ____________ usted con cuidado, la autopista es peligrosa. (ir)
f) ____________ conmigo. (vos – venir)
g) ____________ las cartas sobre la mesa. (poner – ustedes)
h) ____________ por la sombra. (ir – tú)
i) ____________ de aquí. (salir – vosotros)
j) ____________ inteligente y ________ la verdad. (ser / decir – usted)
k) ____________ una chaqueta antes de salir. (poner – vos)

2 Completa las oraciones con verbos en imperativo en la forma afirmativa **en la forma** tú**:**

a) ____________ a buscar la harina en el mercado. (ir)
b) ____________ en cuenta lo que te dije. (tener)
c) Antonio, ____________ la tarea ahora mismo. (hacer)
d) Juana, ____________ las compras en el armario. (poner)
e) Conchita, ____________ a casa, ¡ya! (venir)
f) ____________ buena alumna y aprobarás. (ser)

3 **Pon las oraciones en la afirmativa:**

a) ¡No gritéis! __________

b) No cierres la puerta. __________

c) No tenga cuidado. __________

d) No salgáis sin mi permiso. __________

e) No digas mentiras. __________

4 **Completa con el** imperativo en la forma afirmativa **y sustituye las palabras subrayadas por pronombres:**

a) Hacer **el trabajo**. (vosotros) __________

b) Pagar **la cuenta**. (tú) __________

c) Decir a **Manolo lo que ha ocurrido**. (usted) __________

d) Moverse. (tú) __________

e) Poner **los libros** en la estantería. (tú) __________

f) Decir **a mí la verdad**. (tú) __________

g) Remover **los huevos y el azúcar**. (usted) __________

h) Mezclar **los ingredientes**. (tú) __________

i) Ponerse **la chaqueta**, que hace frío. (usted) __________

j) Servir **la comida**. (tú) __________

5 **En parejas. En una hoja a parte van a escribir diálogos como los del ejercicio 6 de la página 68. Elaboren preguntas y respuestas indicando cómo llegar a los destinos elegidos usando los verbos en** imperativo en la forma afirmativa **o** negativa**.**

Están en el colegio y quieren llegar a sitios comunes como biblioteca, cafetería, secretaría, dirección, etc.

¡Diviértete!

- **¡Desafío! ¡Sigue las instrucciones y suerte!**

Estás en el hotel y vas a pasear en barco por el río con otros/as dos colegas.

1º En un folio a parte vas a escribir un diálogo entre tu amigo/a y tú.

2º Elabora el diálogo explicando a tus amigos/as que irán contigo al paseo cómo llegar al río. Puedes usar el plan de la página 68.

3º Recuerda que, para conseguir hacer el paseo, tienes que comprar el billete, verificar el horario de salida y vuelta del barco: por eso, debes informar el horario en que van a encontrarse para no perder el barco.

4º Usa lo máximo posible los verbos en imperativo en la forma afirmativa o negativa.

5º Después de la corrección de tu trabajo, dramatízalo.

LECCIÓN 2

1 **Escucha lo que escribieron estos jóvenes en *internet* sobre la ciudad ideal y responde V para verdadero y F para falso:**

Sobre el texto A

a) A Nearco lo ideal es una ciudad sin coches. ( )
b) Nearco quiere una ciudad poblada de personas que no sean extranjeras. ( )
c) Para Nearco es importante la tolerancia, la limpieza y la cultura. ( )
d) Le gustaría una ciudad con muchas bicis por las calles. ( )
e) Le gustaría que su ciudad tuviera los problemas de París. ( )

4 Conociendo la Barcelona de Gaudí
Para el tema ***La arquitectura de Gaudí***, accede y explora este recurso digital.

Sobre el texto B

El/La escritor/a:

a) se nombra YA ESTOY AQUÍ. ( )
b) quiere una ciudad donde los perros no puedan pasear, porque no quiere que tenga excremento. ( )
c) espera que los barrenderos solo pasen por las zonas ricas. ( )
d) prefiere los edificios pintados, con flores y tiestos en los balcones. ( )
e) espera que los vecinos no se respeten. ( )
f) está triste porque donde vive es completamente diferente de lo que describe. ( )

Sobre el texto C

a) El texto viene de África. ( )
b) La autora quiere una ciudad antigua como las ciudades renacentistas. ( )
c) Espera que la ciudad tenga muchos jardines. ( )
d) Le gusta que las personas no tengan conocimientos sobre la conservación de los monumentos. ( )
e) Le gustaría una ciudad donde pudieran convivir los peatones, las bicis y los coches. ( )
f) Le gustan los edificios con 35 metros de alto. ( )

- **Ahora lee los textos y comprueba tus respuestas.**

a) (...) Mi ciudad ideal es totalmente sin coches, 0 contaminación, bien poblada de árboles, mucha gente de todas partes, nada de intolerancia, muy limpia, con arte en las calles como en museos y exposiciones; música en todas partes y muchas bicis. Una mezcla

de Madrid, París, Nueva Iorque, Londres, Ámsterdam y Tokio. Con lo mejor de cada una.
Nearco.

b) Me gustarían calles anchas y con todos sus coches bien aparcados; que los dueños de los perros recogieran todos los excrementos de sus mascotas sin excepción; que los barrenderos pasaran por mi calle y no solo por las de las zonas pudientes de mi ciudad. Me gustarían edificios con fachadas bien pintadas y con tiestos y flores en los balcones. Los parques me gustaría que fuesen respetados por todos, que el césped y los tiestos duraran más que el día de la inauguración, y con habitantes que respeten a nuestros vecinos y entorno por encima de todo. ¿Existe?
Yo vivo en una zona de Madrid que es todo lo contrario, y pocos metros mas allá el barrio se vuelve parecido a como lo pinto, qué injusticia.
YA NO ESTOY AQUÍ.

pudientes = poderosos, ricos.

c) Mi ciudad ideal sería (...) como la de la época renacentista, casi en cuadrícula cuyos puntos de unión encontrásemos plazas ajardinadas o propios museos de esculturas al aire libre.
Me gustaría que las personas que forman esta ciudad tuviesen el conocimiento suficiente de la conservación y el valor histórico para que, en caso de ampliar el casco urbano existente, se tuviese en cuenta al menos las costumbres e historia de la ciudad. Todo formaría un todo, aún existiendo construcciones modernas, siempre habría algo que describiese que pertenece a esa ciudad.
Existirían calles amplias, con carriles (más anchos, para bicicletas y peatones) de los que estamos acostumbrados a ver. Con esto digo que su preocupación por el medio ambiente sería primordial, por lo que la contaminación y el reciclaje estarían al orden del día.
Me conformaría con que los parking cumpliesen con la normativa (muchos no lo hacen, si no, fijaos en las rampas).
Los edificios interiormente serían un lugar donde se pudiese "vivir", lejos de los apartamentos de treinta y cinco metros cuadrados para una pareja. ¡El ESPACIO sería un lujo! (...) qué bonito sería disponer de ese espacio sin saturarlo.
África.

renacentista = relativo al Renacimiento; que cultiva los estudios o el arte propios de este movimiento.

cuadrícula = dividido en cuadrados.

casco urbano = conjunto de edificaciones de una ciudad hasta donde termina su agrupación.

2 **Encuentra en los textos del ejercicio anterior las respuestas correctas para las alternativas que has marcado como falsas y escríbelas.**

Texto A

____

____

____

____

Texto B

Texto C

escuchar banda 9

de ensueño = fantástico, maravilloso.

3 Escucha el texto y completa:

Ciudad de ensueño

Ingredientes

- 4 generaciones
- 5 litros de paz
- 4 sueños
- 100 g de honestidad
- polvos de amor para hornear

Preparación

En una llanura deshabitada, ________________ las generaciones. Cuando empiece a tirar cada una por su lado, ________________ lentamente los 5 litros de paz. En cuanto el ambiente esté homogéneo, ________________ los sueños uno a uno y ________________ hasta que no se le noten. ________________ la honestidad en trocitos, ________________ y ________________ firmemente hasta que se disuelva por completo. Por último, ________________ los polvos de amor para hornear y ________________ sin batir. ________________ la mezcla en una ciudad fértil y ________________ crecer.

________________ con progreso y alegría.

Fátima Cabral Bruno

GRAMÁTICA ¡ENTÉRATE!

Imperativo en la forma afirmativa

Otros verbos irregulares

> **5 Escalando la montaña**
> Para el tema ***Práctica del modo imperativo***, accede y explora este recurso digital.

Observa:

*... añádale los sueños uno a uno y **remuévalos**...*
***Sírvala** con progreso y alegría.*
***Empiece** usted a cambiar la ciudad.*

1. Alteración vocálica en las personas **tú**, **usted**, **ustedes**.

Pronombres personales	REMOVER
tú	remueve
vos	removè
usted	remueva
nosotros/as	removamos
vosotros/as	removed
ustedes	remuevan

Otros verbos: **acostarse**, **acordarse**, **colgar**, **contar**, **revolver**.

2. Alteración vocálica en las personas **tú**, **usted**, **nosotros/as** y **ustedes**.

Pronombres personales	SERVIR
tú	sirve
vos	serví
usted	sirva
nosotros/as	sirvamos
vosotros/as	servid
ustedes	sirvan

Otros verbos: **pedir**, **vestirse**, **seguir**, **medir**.

Pronombres personales	EMPEZAR
tú	empieza
vos	empezá
usted	empiece
nosotros/as	empecemos
vosotros/as	empezad
ustedes	empiecen

Otros verbos: **comenzar**, **cerrar**, **preferir**, **sentarse**, **sentir**, **divertirse**.

escribir

1 Completa las oraciones con los verbos en imperativo en la forma afirmativa**:**

a) ________________ lo que te pedí esta noche. (hacer – tú)
b) ________________ el precio del cuaderno. (decir – tú – a nosotros)
c) ________________ las llaves sobre la mesa. (poner – tú)
d) ________________ usted las revistas a Paquita. (dar)
e) ________________ usted aquí. (sentarse)
f) ________________ ustedes. (divertirse)
g) ________________ al centro comercial con María. (ir – tú)
h) ________________ ahora mismo. (bañarse – vos)

2 Transforma las oraciones negativas **en** afirmativas**.**

a) No durmáis vosotros aquí.

____

b) No salgas de casa por la tarde.

____

c) No digas vos la verdad a Manolo.

____

d) No me diga usted el teléfono de Juan.

____

e) No envuelvan ustedes la carne ahora.

____

f) No pongas el coche en el *parking*.

____

g) No salgáis por la noche.

____

3 **Vuelve a escribir las oraciones usando el** tratamiento formal**.**

a) No tienes buena cara. Ve al médico.

____

b) Sal rápido de ahí.

____

c) Haced el favor de comprarme un libro.

____

d) Poned aquí vuestra dirección y datos personales.

____

e) Oye, ¿decíme la hora?

____

4 **Transforma las oraciones usando el** tratamiento informal**.**

a) Miren a su izquierda y verán la Sagrada Familia.

____

b) Tenga usted su cambio.

____

c) Lean ustedes todo el capítulo X.

____

d) Dígame usted, ¿dónde le duele?

____

e) Sigan ustedes por esta calle.

____

5 **Completa las oraciones con el** imperativo en la forma afirmativa **de los verbos pedidos:**

a) ______________ usted aquel coche. (seguir)
b) ______________ la cena. (servir – nosotros)
c) ______________ bastante en la fiesta. (moverse – tú)
d) ______________ los huevos con el azúcar. (remover – usted)
e) ______________ en cuenta que vamos a caminar mucho. (tener – vos)

hablar

6 **Vas a escribir, en papelitos, indicaciones para que tu compañero/a dé órdenes o instrucciones a otro/a compañero/a usando el** imperativo afirmativo**. Te damos un modelo.**

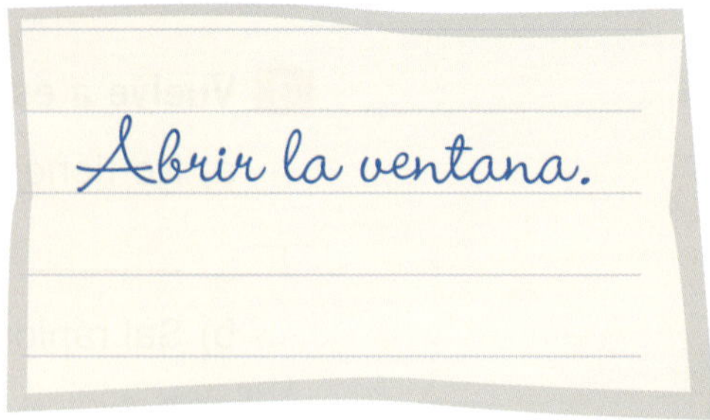

escribir

7 **Lee el siguiente texto:**

***Título:** nombre del plato.*

Arroz moros y cristianos

***Ingredientes:** se presentan los productos que se utilizarán, indicando las cantidades exactas.*

Ingredientes

1 taza de frijoles negros.
3 tazas de arroz blanco, grano grande.
1 cabeza de ajo.
¼ kilo de tocino.
2 chorizos.
1 cebolla.
2 cucharadas de aceite.
pimienta, sal al gusto.

***Preparación:** se indica cómo hacer la mezcla de los ingredientes.*

Preparación

Poner a cocer los frijoles negros hasta ablandarlos en 4 tazas de agua, pero sin llegar a romperse ni que se gaste el agua, de preferencia en olla de presión.

Picar el ajo y cebolla cuadradita, el chorizo, el tocino en trozos pequeños, freír todos estos ingredientes en dos cucharadas de aceite y agregar la pimienta, apagarlo cuando esté todo bien frito, jugosito.

Lavar el arroz y colocarlo en una olla grande, y mezclar bien con el sofrito de cebolla, ajo, chorizo y tocino, agregarle los frijoles y 3 tazas del agua de los frijoles, ponerlo a cocer a fuego lento sin moverlo, hasta que el arroz esté medio cocido y seco, con un tenedor moverlo, para que termine de cocer.

***Presentación:** señala cómo se debe servir.*

Servir en plato como la foto.

En: <http://cocinadelmundo.com>. Fecha de consulta: 18 febrero 2011.

Receta de cocina

La receta de cocina es un género de texto en el que se enseña cómo preparar un plato. Su lenguaje es objetivo y, en general, se usa el tratamiento formal (usted).

Para escribir una receta, debes tener en cuenta la estructura de la receta anterior.

8 **Escribe otra vez la preparación de la receta usando el** imperativo en la forma afirmativa **y el** tratamiento formal**.**

¡Diviértete!

- **¡Desafío! Escribe una receta como la de la página 76, "Ciudad de ensueño", sobre cómo hacer/tener una ciudad/un país/un planeta ideal/de ensueño. Puedes usar otros temas como:**

  a) antibarrios para jóvenes;
  b) antibarrios para ancianos;
  c) ciudades/barrios para jóvenes;
  d) ciudades/barrios para todos/as;
  e) una ciudad/un barrio sin historia.

taller de creación 2

INVESTIGA TU CIUDAD

La propuesta de este taller es realizar una **investigación** sobre el pasado de tu **ciudad**.

> 6 **Los sistemas de gobierno**
> Para el tema ***Sistemas de gobierno de Cuba, Brasil y España***, accede y explora este recurso digital.

¿Dónde está la historia?

Está en muchos lugares, no solo en los museos y documentos de una época. Encontramos las marcas del tiempo en los juegos que aprendemos con nuestros abuelos, en los objetos dejados por otros pueblos y también en la ropa, tanto en la de antiguamente como en la supermoderna.

Adaptado y traducido de: Revista *Recreio – para saber mais*. n. 1. São Paulo: Abril.

Para realizar una investigación sobre un momento histórico o un tema que te interesa, debes seguir estos pasos:

a) **Primero**, ubícate en el tiempo y propón preguntas o temas sobre la época / el acontecimiento de la / del que te interesa tratar.

b) **Luego**, consulta varias **fuentes de información** para responder a tus preguntas:

- **históricas:** documentos escritos, mapas, revistas y periódicos antiguos;
- **visuales:** pinturas, fotos, películas, ilustraciones, etc.;
- **materiales:** objetos, ropa, edificios, juguetes, etc.;
- **orales:** relatos de personas mayores sobre los acontecimientos del pasado y canciones;
- **literarias:** novelas, poemas, teatro, etc.

c) **Finalmente**, apunta las informaciones que has seleccionado a partir de la consulta a las fuentes anteriores y organízalas en un texto, un informe.

Estos son los **datos** que deben constar en tu trabajo:

- origen de las personas que viven en tu ciudad;
- acontecimientos y fechas que marcaron la historia de tu ciudad;
- edificios y construcciones que son símbolos del pasado y del presente de la ciudad;

- estilo y época a los que pertenecen esas construcciones;
- lo que hay de más característico o típico en tu ciudad.

Para ayudarte en la investigación: al consultar algunas de las fuentes de información, en especial las históricas y literarias, debes hacer una **lectura global** o exploratoria de los materiales. Ese tipo de lectura te permitirá identificar y elegir los materiales a los que deberás dedicar más tiempo y atención. Al realizar la lectura global de un material, debes fijarte en las siguientes marcas textuales:

- el título y los subtítulos del texto;
- la introducción que se hace al tema;
- el resumen del texto, si lo hay;
- las palabras que vienen destacadas en negrita;
- el índice, si se trata de un texto más largo o de un libro;
- la información visual, las ilustraciones o fotos que acompañan el texto.

Puedes usar la lectura global para realizar estudios de otras asignaturas.

5 Si yo fuera...

- **Busca en la sopa de letras las palabras que completan las oraciones que indican quién hace qué.**

a) El ________________ aparca y vigila los ________________ en un establecimiento.

b) El ________________ cuida y vigila los bosques.

c) El ________________ acompaña a una persona y le ________________ la vida.

d) El portero es el ________________ de un equipo de ________________.

e) El ________________ arregla los zapatos ________________.

f) El ________________ trabaja en la televisión.

g) La ________________ hace acrobacias en el circo, teatro, televisión, etc.

h) El ________________ trabaja en un ________________ o en la ________________ de un tren.

i) El ________________ hace surgir y desaparecer las palomas.

j) Los ________________ se ocupan de resolver casos de pérdidas de objetos, ________________, etc.

C	O	C	H	E	S	N	A	O	T	J	F	C	Q	P	J	A	I
E	O	D	A	H	T	X	K	R	A	M	Ú	Á	J	R	E	R	M
O	R	E	T	A	P	A	Z	E	O	R	T	M	H	O	A	Ú	G
S	X	T	S	K	E	C	B	U	R	T	B	A	V	T	A	T	U
A	Z	E	I	J	D	T	J	Q	L	N	O	R	H	E	W	O	A
T	O	C	N	F	R	H	Z	S	C	O	L	M	A	G	W	M	R
A	H	T	I	M	R	O	C	E	R	Á	P	A	O	E	D	X	D
B	R	I	U	P	T	T	B	P	P	T	M	R	V	C	A	C	A
Ó	O	V	Q	M	M	A	G	O	R	P	N	A	O	W	O	O	C
R	U	E	A	D	E	T	V	C	S	I	V	E	R	B	N	L	O
C	Q	S	M	L	C	K	M	R	S	D	F	P	T	A	O	M	C
A	S	E	U	Q	S	O	B	A	D	R	A	U	G	O	D	S	H
N	D	Q	Z	F	L	H	W	B	A	V	G	X	I	A	I	W	E
R	A	H	S	A	D	L	A	P	S	E	A	D	R	A	U	G	S
A	J	E	N	O	S	A	S	A	T	E	M	A	D	R	A	U	G

LECCIÓN 1

1 **¿Tienes alguna afición? ¿Cuál/es?**

- **Señálala/s en el cuadro y apunta la/s de tus compañeros/as:**

¿TIENES ALGUNA AFICIÓN?		
Afición	Tu nombre: ____________	Nombre: ____________
Tocar un instrumento		
Ver películas		
Ir al teatro		
Practicar deportes		
Viajar		
Ver partidos de fútbol		
Montar en bicicleta		
Andar en monopatín		
Dibujar		
Pintar		
Leer		
Otras		

a) De las opciones que están en el cuadro, ¿cuál te gustaría transformar en un oficio / una profesión? ¿Por qué?

____

b) ¿Te gustaría ser guardavidas? ¿Por qué?

____

2 **Escucha la entrevista de una joven que se convirtió en guardavidas y marca la respuesta correcta.**

1) ¿Por qué la joven eligió la profesión?

a) porque tenía una afición: nadar.
b) porque le gustaban los deportes de riesgo.
c) porque le gusta ayudar a las personas.

2) La joven ve su profesión como:
   a) riesgosa.
   b) una de las que pueden salvar a otras personas.
   c) algo tan fácil que son dispensables la responsabilidad y la seguridad.

3) Cuanto a los padres de Malka Sajfar:
   a) no querían que fuera guardavidas.
   b) no estaban preocupados que se descuidara de la facultad.
   c) a principio no les gustó la idea pero después la apoyaron.

3 Ahora lee el texto, confirma tus respuestas y a continuación haz lo que se te pide:

Resistente al agua

Una joven guardavidas nos cuenta por qué eligió esta profesión.

(...) Malka Sajfar, una chica de 21 años que eligió convertirse en guardavidas. En la *Escuela de Cruz Roja Argentina*, aprendió de qué se trata esta profesión y hoy, además de estar estudiando kinesiología, trabaja en una pileta y como instructora en la escuela de guardavidas.

(...)

¿Por qué decidiste ser guardavidas?

—Se me ocurrió intentarlo con una compañera de natación. Yo nadaba desde los 16 años, en el *Club Atlético Adrogué*. Elegimos la *Escuela de Cruz Roja* porque nos dieron muy buenas referencias, el nivel de exigencia es alto y tiene renombre internacional.

¿Eras consciente de que es una profesión riesgosa?

—(...) No pienso que pongo en peligro mi vida, sino que estoy salvando a otra persona o dándole la ayuda que necesita. Es un trabajo en el que son indispensables la responsabilidad, la seguridad y la exigencia.

¿Qué dijeron tus papás cuando les contaste acerca de tu decisión?

—Al principio no les gustó mucho porque tenían miedo de que descuidara la facultad. Pero, cuando notaron que yo volvía enloquecida de las clases de salvamento —que es una de las materias más específicas—, la remaron conmigo. (...)

¿Cómo era la cursada?

—La carrera dura un año. (...) Tenía materias prácticas (Entrenamiento Físico, Natación y Salvamento) y teóricas (Anatomía, Fisiología, Educación Sanitaria, Primeros Auxilios y Reanimación

kinesiología = conjunto de procesos terapéuticos que tienen como objetivo restablecer la normalidad de los movimientos del cuerpo.

pileta = piscina.

remaron = en el texto, acompañaron; siguieron el mismo camino.

cursada = curso.

natatorios = que sirven para nadar.

no hacían pie = no tenían apoyo.

Cardiopulmonar, entre otras). Después tuve las prácticas en natatorios, ríos, lagunas y aguas abiertas. (...)

Imagino que tuviste que sacrificar mucho, ¿no?

—Sí, pero mi objetivo era ser guardavidas. (...) Lo tenés que sentir, si lo hacés es porque realmente querés. (...)

¿Ya tuviste algún rescate?

—Sí, cuando fui a hacer las prácticas a la Costa Atlántica. Había dos hermanitas que cayeron en una canaleta y no hacían pie. Mi función, más allá de sacarlas del agua, fue darles tranquilidad y contención. Cierro los ojos y todavía me acuerdo de sus caras y sus ojos asustados.

¿Qué situaciones son las más peligrosas?

—Lo más complicado es el miedo. Hay que mantener siempre la calma y mirar a la víctima a los ojos, hablarle. Nunca hay que dejar que la situación te maneje, vos sos la que maneja lo que está pasando.

Revista *Parateens*. n. 75, enero 2010, Buenos Aires: Editorial Atlántica S/A. p. 132-134.

Cruz Roja

Cruz Roja es una organización internacional de ayuda humanitaria. Actualmente "Cruz Roja" es el nombre común con que se conoce al Movimiento Internacional de la Cruz Roja y de la Media Luna Roja, también llamado Cruz Roja Internacional. Son 7 los principios fundamentales que garantizan la continuidad del Movimiento de la Cruz Roja y de la Media Luna Roja y su labor humanitaria: humanidad, imparcialidad, neutralidad, independencia, voluntariado, unidad, universalidad.

En: <http://es.wikipedia.org/>. Fecha de consulta: 21 febrero 2011.

- **Contesta a las preguntas:**

a) ¿Qué hace la joven de la entrevista y dónde trabaja?

____

b) ¿Dónde hizo el curso para guardavidas?

____

c) ¿Por qué eligió esta escuela?

____

d) ¿Qué curso hace en la facultad?

____

e) ¿La joven tuvo que hacer algún rescate? ¿Cuál?

f) ¿El rescate que hizo la joven consistió solo en sacar del agua a las personas?

g) Para la joven, ¿qué es más peligroso en la profesión? ¿Por qué?

¡Diviértete!

1 Rellena el crucigrama con las profesiones de las figuras.

hablar

2 Habla con tus compañeros/as de las profesiones que están en el crucigrama:

a) Elige tres profesiones que, para ti, son las más importantes y explica por qué.
b) ¿Cuál te gustaría tener? ¿Por qué?
c) ¿Cuál no te gustaría tener de manera ninguna? ¿Por qué?
d) De las profesiones que conoces, ¿cuál/es es/son la/s imprescindible/s para la humanidad? ¿Por qué?

leer

1 Lee la tira y haz lo que se te pide:

QUINO. *10 años con Mafalda*. p. 30.

a) Contesta Sí o No:

	SÍ	NO
a) En la primera viñeta, Mafalda observa que su madre planchó mucha ropa.		
b) En la segunda viñeta, Mafalda nota que su madre no hizo nada en la casa.		
c) En la tercera viñeta, Mafalda ve que las vajillas están sucias sobre el fregadero.		
d) En la cuarta viñeta, la madre está lavando la ropa de la familia, mientras Mafalda le habla.		
e) En la última viñeta, Mafalda le dice a su madre que no vive.		

b) Según la tira, ¿qué actividades realiza la madre de Mafalda?

____

____

c) Marca ¿a qué profesiones corresponden las actividades que la madre de Mafalda realiza?

( ) mucama ( ) costurera
( ) cocinera ( ) planchadora

2 Marca las opciones que abarcan los trabajos de casa.

( ) mucama	( ) maestra	( ) intendente
( ) cocinera	( ) telefonista	( ) enfermera
( ) costurera	( ) chófer	( ) puericultora
( ) planchadora	( ) psiquiatra	( ) ama de casa
( ) niñera	( ) psicóloga	( ) recepcionista

mucama/o = sirviente, criada/o. En España se dice *limpiadora*.

intendente = gobernador o alcalde, jefe superior económico.

puericultora = persona que se dedica a la puericultura.

puericultura = actividad que se ocupa de prestar cuidados a los niños para su mejor desarrollo.

ama de casa = mujer que se ocupa de las labores de casa.

3 ¿Qué profesión tiene la madre de Mafalda?

____

escribir

4 ¿Qué haría Mafalda si fuera madre y ama de casa? Sigue el modelo:

cuidar
cocinar
conducir
enseñar
escuchar
fregar
arreglar
planchar
limpiar
controlar
cuidar
abrir

Si Mafalda fuera madre,...

... telefonearía a su marido.

a) ... ______________ los niños.
b) ... ______________ para los hermanos.
c) ... ______________ el coche.
d) ... ______________ a sus hijos/as los deberes.
e) ... ______________ los problemas de sus hijos/as.
f) ... ______________ todos los cacharros.
g) ... ______________ el armario.
h) ... ______________ la ropa.
i) ... ______________ la casa.
j) ... ______________ los gastos de la casa.
k) ... ______________ las heridas de los hermanos.
l) ... ______________ la puerta a los amigos de su padre.

GRAMÁTICA ¡ENTÉRATE!

Condicional simple (1)

Verbos regulares

Observa:

*Mafalda **cocinaría** para los hermanos.*
*Mafalda **fregaría** todos los cacharros.*

Las formas en negrita están en **condicional simple** y expresan **hipótesis**.

Pronombres personales	Verbos		
	SACAR	ATENDER	CONSTRUIR
yo	sacar**ía**	atender**ía**	construir**ía**
tú / vos	sacar**ías**	atender**ías**	construir**ías**
Ud. / él / ella	sacar**ía**	atender**ía**	construir**ía**
nosotros/as	sacar**íamos**	atender**íamos**	construir**íamos**
vosotros/as	sacar**íais**	atender**íais**	construir**íais**
Uds. / ellos/as	sacar**ían**	atender**ían**	construir**ían**

escribir

1 Completa las oraciones con el condicional simple:

a) A mí ____________________ ser peluquera. (gustar)
b) Yo ____________________ a Madrid. (ir)
c) Nosotras ____________________ a la policía. (llamar)
d) Vosotros ____________________ la verdad. (decir)
e) Ellos no ____________________ de trabajo. (cambiar)
f) A ti te ____________________ ir a la fiesta. (encantar)
g) ¿Ustedes ____________________ al mercado? (volver)
h) A Juan y a Paco no les ____________________ hacer horas extraordinarias. (importar)
i) El músico ____________________ más canciones. (tocar)
j) Yo ____________________ una canción para ti. (escribir)

2 ¿Qué le harían al señor si entrase en la peluquería?

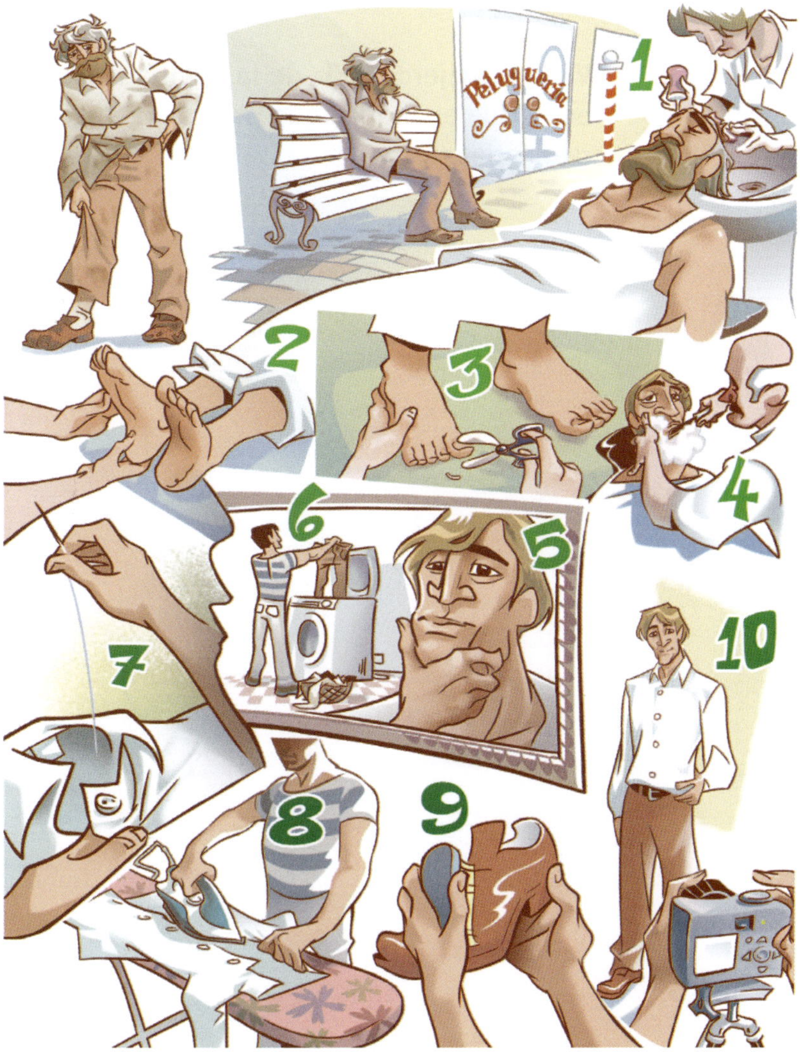

limpiar dar coser enseñar planchar
cortar teñir lavar afeitar sacar

Al señor le...

1) ______________________________

2) ______________________________

3) ______________________________

4) ______________________________

5) ______________________________

6) ______________________________

7) ______________________________

8) ______________________________

9) ______________________________

10) ______________________________

3 **Vuelve al ejercicio 1, de la página 88, y escribe un pequeño texto en el que expliques qué profesión elegirías y las actividades que realizarías.**

LECCIÓN 2

leer

1 Lee el texto:

Si yo fuera **alcalde** de mi ciudad no sabría qué hacer, por eso no soy candidato sino un simple ciudadano. Y es que para ser alcalde (...) es necesario una adecuada preparación no solo intelectual sino de conocimiento de la actividad política, de ahí el concepto tan de moda de ser o no políticamente correcto, preparación que muchas veces, para **pesar** de los ciudadanos, no poseen aquellos que **ostentan** este cargo.

Todo alcalde debe estar preparado para hacer frente a numerosas e importantes responsabilidades y obligaciones, como es la de **gestionar** de forma justa y honrada el **presupuesto** municipal, buscar mejorar la calidad de vida de los ciudadanos. (...)

(...) A mí me gustaría que en mi ciudad existiera un ambiente igualitario, a **primar** valores como la justicia y la igualdad. Una ciudad en la que todos los ciudadanos tuvieran una verdadera igualdad de oportunidades, (...) acceso a la educación o a la sanidad, una ciudad donde las desigualdades sociales (...) fueran mínimas. (...)

Me gustaría que mi ciudad fuera equilibrada, el ruido con el silencio, el **hormigón** con zonas verdes, con un río por el que poder pasear, pues soy de aquellos que consideran los ríos fuente de iluminación y sabiduría, y sobre todo que fuera limpia, muy limpia, carente de elementos contaminantes del ambiente, de simples mosquitos o de aquellos que ponen en peligro la seguridad.

En: <http://foros.hispavista.com>.
Fecha de consulta: 26 enero 2011.

persona que preside un ayuntamiento; en portugués: prefeito.

____

poseen algo que da derecho a ciertas ventajas.

____

cantidad de dinero que se calcula o se dispone para un fin.

____

mezcla compuesta por piedras, cemento y arena que se emplea en la construcción por su dureza y resistencia.

- **Contesta** V **para verdadero y** F **para falso:**

a) El/la autor/a del texto no sería alcalde. ( )
b) El texto afirma que para ser alcalde la persona tiene que estar preparada emocionalmente e intelectualmente. ( )
c) Al/a la escritor/a la ciudad ideal es la que equilibra ruido con silencio. ( )
d) Lo ideal es una ciudad donde no haya ambiente igualitario. ( )
e) Para vivir bien en una ciudad, hay que ser una ciudad en que todos tienen acceso a la educación. ( )
f) El/la autor/a del texto no quiere ser alcalde porque no sabría qué hacer para mejorar la ciudad. ( )

- **Y tú, ¿qué cambiarías en tu ciudad si fueras alcalde? Usa los verbos que te damos y elabora al menos 5 oraciones.**

mejorar ayudar favorecer cuidar
construir permitir conservar

____

____

____

____

____

____

____

escribir

2 Si el alcalde de tu ciudad construyera una piscina, ¿qué harían tus colegas y tú? Observa la escena, usa las palabras del dibujo y escribe:

escuchar banda 11

3 **Completa el texto con lo que vas a oír.**

Si yo fuera top model...

a) ____________________

b) ____________________

c) ____________________

d) ____________________

e) ____________________

f) ____________________

g) ____________________

h) ____________________

i) ____________________

GRAMÁTICA ¡ENTÉRATE!

Condicional simple (2)

Verbos irregulares

Observa:

Haría *un curso para desfilar mejor.*

Pondría *ropas diferentes.*

Los verbos que son irregulares en **futuro simple de indicativo** también lo son en **condicional simple**.

Infinitivo	Futuro simple de indicativo	Condicional simple
haber	**habr**á	**habr**ía
hacer	**har**á	**har**ía
poder	**podr**á	**podr**ía
poner	**pondr**á	**pondr**ía
querer	**querr**á	**querr**ía
saber	**sabr**é	**sabr**ía
tener	**tendr**é	**tendr**ía
salir	**saldr**é	**saldr**ía

Pronombres personales	Verbos			
	HABER	HACER	PONER	PODER
yo	habría	haría	pondría	podría
tú / vos	habrías	harías	pondrías	podrías
Ud. / él / ella	habría	haría	pondría	podría
nosotros/as	habríamos	haríamos	pondríamos	podríamos
vosotros/as	habríais	haríais	pondríais	podríais
Uds. / ellos/as	habrían	harían	pondrían	podrían

Pronombres personales	Verbos		
	SABER	QUERER	TENER
yo	sabría	querría	tendría
tú / vos	sabrías	querrías	tendrías
Ud. / él / ella	sabría	querría	tendría
nosotros/as	sabríamos	querríamos	tendríamos
vosotros/as	sabríais	querríais	tendríais
Uds. / ellos/as	sabrían	querrían	tendrían

Observa estas oraciones:

*Si **fuera** locutora, me escucharíais a todas horas.*
*Si **fuera** periodista, me conocería el dentista.*

Lo que está en negrita son formas del verbo **ser** en **pretérito imperfecto de subjuntivo**.

escribir

1 De acuerdo con el modelo, completa el hueco con el verbo en condicional simple.

Si fuera bombero/a, podría apagar incendios. (yo – poder)

a) Si Catalina fuera repartidora de comida rápida, ______________ una moto. (ella – tener)
b) Si fuéramos fontaneros, ______________ la tubería. (nosotros – poner)
c) Si fueras fotógrafo/a, ______________ fotos de *top models*. (tú – hacer)
d) Si fuera albañil, ______________ temprano para trabajar. (él – salir)
e) Si fueras diseñador/a gráfico/a, ______________ divertidos juegos de ordenador. (vos – hacer)
f) Si fueran trabajadores sociales, ______________ trabajar con ancianos. (ellos – querer)
g) Si fuerais traductoras, ______________ el sentido de esta palabra. (vosotras – decir)
h) Si fueran actores, ______________ en películas de ciencia ficción. (ustedes – salir)
i) Si fueras enóloga, ______________ probar muchos vinos. (tú – poder)

2 Ahora completa las oraciones con los verbos entre paréntesis en condicional simple.

a) Si tú fueras un perro, ______________ mucho. (ladrar)
b) Si la chica estuviera contenta, ______________. (sonreír)
c) Si vos fueras Maradona, ______________ al fútbol. (jugar)
d) Si ustedes fueran alcaldes, ______________ más plazas en la ciudad. (poner)
e) Si nosotros pudiéramos, ______________ de vacaciones ahora mismo. (salir)
f) Si vosotros estuvierais de vacaciones, ______________ ir a la playa. (poder)

7 **De mayor, ¿qué te gustaría ser?**
Para el tema ***Profesiones***, accede y explora este recurso digital.

¡Comunícate!

1 Observa el diálogo:

PARA FORMULAR HIPÓTESIS SOBRE EL FUTURO	
Si yo tuviera dinero… Si yo pudiera… Si me tocara la lotería…	… **compraría** mucha ropa. … **viajaría**. … **tendría** muchas casas. … **haría** muchas fiestas. … **cenaría** en varios restaurantes. … **ayudaría** a muchas personas.

a) Elige una afición que deseas transformar en profesión o una profesión que deseas seguir, formula hipótesis sobre el futuro y completa el cuadro:

YO	HARÍA…
Si yo fuera __________	__________ __________ __________

b) Pregunta a tu compañero/a: ¿Qué te gustaría ser? Después completa el cuadro:

TU COMPAÑERO/A	HARÍA…
Si __________ fuera (nombre del/de la compañero/a) __________	__________ __________ __________

escribir

2 **¿Qué harías? Completa las oraciones con los verbos irregulares en** condicional simple**.**

a) Si yo fuera un maquinista de tren, __________

b) Si yo fuera un guardabosques, __________

c) Si yo fuera un payaso, __________

d) Si yo fuera un detective, __________

e) Si yo fuera una secretaria, __________

f) Si yo fuera una escritora, __________

g) Si yo fuera un violinista, __________

h) Si yo fuera la Caperucita Roja, __________

i) Si yo fuera Capitán Garfio, __________

Capitán Garfio

hablar

3 **¿Qué harían las personas? Relaciona las columnas y forma oraciones usando el** condicional simple**. Después de hacer el ejercicio oral, escribe las oraciones.**

1) conducir	a) batería
2) plantar	b) flores
3) cocinar	c) cartel
4) cobrar	d) cheque
5) ponerse	e) cojín
6) gastar	f) dinero
7) sentarse	g) fresas
8) leer	h) jersey
9) colgar	i) hierbas
10) tocar	j) libro de poemas
11) comer	k) moto
12) ponerse	l) perfume

a) ______________________________

____

b) ______________________________

____

c) ______________________________

____

d) ______________________________

____

e) ______________________________

____

f) ______________________________

____

g) ______________________________

____

h) ______________________________

____

i) ______________________________

____

j) ______________________________

____

k) ______________________________

____

l) ______________________________

____

¡Diviértete!

- **Jueguen en grupos:**

  Reglas:

  a) Caminarás las casillas que te toquen en el dado.

  b) No solo tendrás que decir qué profesión te ha tocado en la casilla, sino también utilizar la estructura que aprendiste: Si fuera... + condicional.

  c) Si te equivocas, estarás un turno sin jugar.

  d) Cuando caigas en la universidad, deberás decir dos carreras universitarias. Si no lo cumples, volverás 3 casillas.

Juego de las profesiones

6 El planeta enfermo

Refrán

- Recorra este laberinto comenzando en uno de los dos círculos rojos y terminando en el otro. Las sucesivas letras que vayas encontrando compondrán un refrán. No es preciso utilizar todas las letras.
  De hecho, las que sobran tienen algo en común.

Muy Interesante. Santa Fe de Bogotá, año 9, n. 106. p. 73.

Solución:

____

____

____

____

____

____

____

____

____

____

____

____

LECCIÓN 1

leer

1 **Observa la propaganda del Greenpeace, lee el cuadro y haz lo que se te pide:**

Greenpeace

El Greenpeace es una organización global e independiente que actúa para defender el ambiente y promover la paz.

Hiroshima

Ciudad que está en la isla de Honshu, Japón. La destruyó la bomba atómica *Little Boy*, lanzada por los EEUU el 6 de agosto de 1945, durante la 2ª Guerra Mundial. Murieron cerca de 140 mil civiles inmediatamente y muchos más posteriormente debido a los efectos de la radiación.

Bomba atómica sobre la ciudad de Hiroshima, Japón.

a) Evalúa, ¿la información del cuadro tiene relación con el mensaje de la propaganda?
( ) Sí ( ) No

Deforestación de la Amazonia.

acción o efecto de talar los árboles, o sea, cortar por el pie masas de árboles.

b) ¿Qué mensaje quiere pasarnos la propaganda de Greenpeace?

I. La tala de árboles es necesaria para la producción de alimentos.
II. La tala de árboles tiene el mismo efecto que una bomba atómica, o sea, puede provocar cambios climáticos y colaborar para destruir la tierra.
III. La tala de un solo árbol no es capaz de causar una catástrofe.
IV. La tala de árboles es una catástrofe para los leñadores.

c) ¿Qué elemento(s) usa la propaganda para pasarnos el mensaje?

I. Icónico (imágenes).
II. Histórico.
III. Icónico (imágenes) e histórico.

d) ¿Qué otros temas relacionados con la destrucción del medio ambiente y de la Tierra podrían ser tema de una propaganda del Greenpeace? Enumera al menos cinco:

1. ______________________________
2. ______________________________
3. ______________________________
4. ______________________________
5. ______________________________

hablar

2 **Estás en el año 2050 y el planeta Tierra, enfermo desde hace mucho tiempo, ha cambiado de nombre para Homerosterra. Ante la catástrofe de la destrucción total del planeta, sus gobernantes decidieron pedirle a un grupo de personas que escogiera 12 artículos que pudieran representar la cultura planetaria en el futuro. Como miembro del grupo elegido para la tarea, haz lo que se te pide:**

a) Elige, entre los artículos del listado, los 12 que van a ser acondicionados en un receptáculo (5 × 5 × 5 metros) que se guardará en lugar seguro:

- El DVD de la película...
- Una entrada de cine.
- Una pistola.
- Una camiseta con la foto del grupo musical...
- Un televisor.
- Una revista *teen*.
- Una foto de familia.
- Unos vaqueros.
- Una botella de agua.
- La foto de una mujer embarazada.
- Una propaganda en contra de las drogas.
- Un folleto turístico.
- Un balón de fútbol.
- Una botella de cola.
- Los textos sagrados: *Biblia*, *Corán*, *Pali*, *Sutras*, *Rigveda*, *Torah*.

b) Escoge tres artículos más que no constan del listado anterior:

____

____

____

c) Comparte con tus compañeros tus decisiones y explícales las razones de tus elecciones.

3 En 2100, llega a Homerosterra un grupo de personas del espacio.

a) ¿Qué piensas que han encontrado en el planeta?

( ) Muchas florestas, porque el planeta había conseguido detener la destrucción.

( ) A algunos terráqueos que habían sobrevivido a la catástrofe.

( ) A otros viajantes espaciales.

( ) El receptáculo en el que se habían acondicionado los artículos que representarían la cultura terráquea.

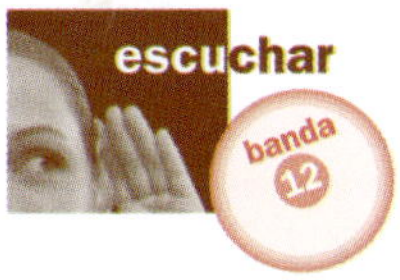

b) Rellena los huecos con lo que vas a escuchar y verifica si has acertado la respuesta:

__________ varias generaciones que la nave espacial Argirium __________ sin rumbo conocido por el Megatiempo. Gorcalp, joven integrante del Núcleo de Salud, __________ que alguna vez ese viaje __________ un objetivo: llegar a un nuevo mundo [Homerosterra] donde hombres y mujeres __________ vivir en paz y libertad, en contacto con la naturaleza. Pero dominados por los Navegantes, un grupo tan ambicioso como negligente = descuidado.

ir camino de (un lugar) = hacia él o en su dirección.

negligente, los tripulantes de la nave Argirium ______ camino de la destrucción...

Hasta que Gorcalp ______ huir con su amigo, Pels, rumbo al desconocido en busca de Homerosterra. Al llegar allí, ______ a orilla del mar y ______ también a un grupo de músicos, dos hombres y una mujer, que tampoco ______ al planeta.

PÉREZ AGUILAR, Graciela. *El constructor de sueños*. 2. ed. Buenos Aires: Zaragoza, 1995.

c) A partir del texto, contesta:

I. ¿Cómo se llama la nave en la que ha viajado Gorcalp?

______

II. ¿Quién era Gorcalp?

______

III. ¿Qué objetivo tenía el viaje de Gorcalp?

______

______

8 Los planetas del sistema solar
Para el tema ***Práctica del pretérito imperfecto del subjuntivo***, accede y explora este recurso digital.

IV. ¿Qué hizo Gorcalp cuando los Navegantes intentaron llevar la nave a la destrucción?

______

V. ¿Dónde llegaron Gorcalp y su amigo?

______

GRAMÁTICA ¡ENTÉRATE!

Pretérito imperfecto de subjuntivo

Observa:

*... llegar a un nuevo mundo [Homerosterra] donde hombres y mujeres **pudieran** vivir en paz.*

(hipótesis remota con relación al futuro, equivale al uso de "podrían")

*Si los hombres y las mujeres **vivieran** en paz, el mundo sería mejor.*

(hipótesis irreal en el presente, los hombres y mujeres no viven en paz)

Las formas en negrita están en **pretérito imperfecto de subjuntivo** (pudieran/pudiesen, vivieran/viviesen) y expresan hipótesis.

TERMINACIONES DEL PRETÉRITO IMPERFECTO DE SUBJUNTIVO	
Verbos terminados en: -AR -ER -IR	
yo	-ra / -se
tú / vos	-ras / -ses
Ud. / él / ella	-ra / -se
nosotros/as	-ramos / -semos
vosotros/as	-rais / -seis
Uds. / ellos/as	-ran / -sen

¡Ojo! Las formas de primera persona plural (nosotros/as) de los verbos en el pretérito imperfecto de subjuntivo llevan acento gráfico: hablar = habláramos / hablásemos.

Observa que hay dos modelos de conjugación (**-ra**/**-se**) y que son intercambiables en este empleo (para expresar hipótesis), aunque el modelo en **-ra** es más usual.

Ejemplo: *Si hablara/hablase español, iría a Argentina.*

Verbos irregulares

Las terminaciones son idénticas para las tres conjugaciones, solo cambia la raíz. Se puede tener como modelo la raíz de la tercera persona de plural del pretérito perfecto simple de indicativo.

Por ejemplo:

anduvie~~ron~~ – anduviera/anduviese

comie~~ron~~ – comiera/comiese

salie~~ron~~ – saliera/saliese

Verbos	Pretérito perfecto simple de indicativo (3ª p. pl.)	Pretérito imperfecto de subjuntivo	
		Pronombres personales	Conjugación
IR	fue~~ron~~	yo tú / vos Ud. / él / ella nosotros/as vosotros/as Uds. / ellos/as	fuera / fuese fueras / fueses fuera / fuese fuéramos / fuésemos fuerais / fueseis fueran / fuesen

Verbos	Pretérito perfecto simple de indicativo (3ª p. pl.)	Pretérito imperfecto de subjuntivo	
		Pronombres personales	Conjugación
PARTIR	partie~~ron~~	yo tú / vos Ud. / él / ella nosotros/as vosotros/as Uds. / ellos/as	partiera / partiese partieras / partieses partiera / partiese partiéramos / partiésemos partierais / partieseis partieran / partiesen
LEER	leye~~ron~~	yo tú / vos Ud. / él / ella nosotros/as vosotros/as Uds. / ellos/as	leyera / leyese leyeras / leyeses leyera / leyese leyéramos / leyésemos leyerais / leyeseis leyeran / leyesen
REPRODUCIR	reproduje~~ron~~	yo tú / vos Ud. / él / ella nosotros/as vosotros/as Uds. / ellos/as	reprodujera / reprodujese reprodujeras / reprodujeses reprodujera / reprodujese reprodujéramos / reprodujésemos reprodujerais / reprodujeseis reprodujeran / reprodujesen reprodujeran / reprodujesen
TENER	tuvie~~ron~~	yo tú / vos Ud. / él / ella nosotros/as vosotros/as Uds. / ellos/as	tuviera / tuviese tuvieras / tuvieses tuviera / tuviese tuviéramos / tuviésemos tuvierais / tuvieseis tuvieran / tuviesen
DIVERTIR	divirtie~~ron~~	yo tú / vos Ud. / él / ella nosotros/as vosotros/as Uds. / ellos/as	divirtiera / divirtiese divirtieras / divirtieses divirtiera / divirtiese divirtiéramos / divirtiésemos divirtierais / divirtieses divirtieran / divirtiesen

escribir

1 Transforma las frases según el modelo:

Estoy en Buenos Aires y paseo por la calle Florida.

Si estuviera/estuviese en Buenos Aires, pasearía por la calle Florida.

a) Voy a Bolivia y tomo el tren desde Mato Grosso.

____

b) Nieva y voy a Las Leñas.

____

c) Llaman a la puerta y Adela va a abrirla.

____

d) A Ismael le gusta comer pollo y lo prepara.

____

e) Hablamos el español y vamos a Cuba.

____

f) Anabel llega a casa y se acuesta.

____

g) Ustedes compran el diccionario de verbos y lo consultan.

____

h) La profesora llega y podemos empezar la clase.

____

i) Sacáis dinero del banco y pagáis las cuentas.

____

j) Termina la clase de español y nos vamos.

____

2 **Completa las oraciones con los verbos entre paréntesis en** pretérito imperfecto de subjuntivo **para conocer los deseos de Úrsula:**

a) Me encantaría que ________________ (ir – tú) a Europa conmigo.
b) Me gustaría que os ________________ (divertirse – vosotras) mucho en la fiesta.
c) Me gustaría que ________________ (partir – usted) antes del amanecer.
d) Me encantaría que ________________ (tener – tú) más cuidado.
e) Me gustaría que ________________ (leer – vos) esta novela.
f) Me gustaría que ________________ (reproducir – usted) las palabras del coordinador.

3 **En cada una de las situaciones, expresa un deseo como el del modelo empleando el verbo indicado en** pretérito imperfecto de subjuntivo**:**

Eres jugador de voleibol y se celebrará un campeonato en tu ciudad. (llamar)

*Me gustaría que me **llamaran** para jugar en el equipo de voleibol de mi ciudad.*

a) Vives en el campo pero te gusta más la vida en la ciudad. (invitar)

____

b) Tienes muchas ganas de comprarte un nuevo videojuego pero no tienes dinero. (regalar)

____

c) Quieres viajar a la playa este fin de semana pero parece que va a llover. (hacer sol)

____

d) Quieres cambiarte de colegio pero tus padres no están de acuerdo. (concordar)

____

e) Hay una fiesta en la casa de un amigo tuyo pero tus padres no te permiten ir. (permitir)

____

f) Tienes un examen de Matemáticas esta semana y necesitas sacar buena nota. (enseñar)

____

¡Comunícate!

1 Observa el diálogo:

PARA DISCORDAR DE UNA IDEA Y FORMULAR UNA HIPÓTESIS

- **Discuerda de estas afirmaciones y formula otras hipótesis sobre Homerosterra:**

a) Creo que se divertían mucho al aire libre.

____

b) Para mí, no les gustaba la música.

____

c) En mi opinión, se reproducían *in vitro*.

____

d) Creo que los jóvenes leían poco.

____

e) Creo que tenían una vida sana.

____

f) Pienso que no tenían creencias.

____

2 Contesta a las siguientes preguntas:

a) ¿Qué paisajes encontraron Gorcalp y su amigo al llegar a Homerosterra?
b) ¿Qué artículos (objetos, fotos, escritos, etc.) fueron importantes para que Gorcalp y Pels interpretaran la cultura del año 2050?
c) Hoy en día, ¿qué interpreta mejor el pensamiento humano, la palabra escrita (textos en general) o las imágenes y los objetos?

3 Lee el texto y descubre qué les pasó a Gorcalp, Pels y a los músicos.

(...) En la arena de la playa bañada por el mar de Homerosterra se delineaba la estela de su paso. (...)

estela: señal o rastro.

El encuentro no había sorprendido a los músicos ni a los navegantes. Fuera sueño o realidad, hubieran llegado desde el espacio o a través de las llanuras, comprendían que una fuerza poderosa los reunía en ese lugar. Sin embargo, no conocían las leyes. (...)

llanuras: planicies.

Gorcalp había adelgazado mucho, su cabello y su barba crecían con un ritmo que quizá el clima aceleraba. El accidente de la nave había convertido su antiguo uniforme de funcionario en jirones.

jirones: trozo desgarrado de una prenda de vestir.

Un silencio extraño invadía el lugar.

Ya estaban en Homerosterra, el peligro había pasado, y, sin embargo, faltaba todo. Gorcalp se miró las manos y pensó que habían cambiado la pesadilla del Megatiempo por una penosa supervivencia a la orilla de un mar vacío. Aunque para él, nacido dentro de una nave, el espectáculo del mar y de la playa seguía siendo sorprendente, comprendía que habían retrocedido hasta tiempos antiquísimos. Debían reinventar herramientas del pasado para construir refugios precarios y, tal vez, emprender algunos cultivos que tardarían mucho en dar frutos suficientes. Eso era mejor que disolverse en el espacio, pero Gor sentía, en el fondo de sí, que allí debía haber algo más. ¿Cuál era el misterio que convertía a Homerosterra en el destino final de todos ellos, en el lugar donde los sueños se tornaban realidad?

PÉREZ AGUILAR, Graciela. *El constructor de sueños*. 2. ed.
Buenos Aires: Zaragoza, 1995. p. 83-86.

- **En todas las afirmaciones hay errores. Corrígelas.**

a) Gorcalp caminaba a la orilla del río.

b) En la arena de la playa de Homerosterra se delineaba la estrella.

c) El encuentro entre los navegantes y los músicos había sorprendido a ambos.

d) Los dos grupos conocían las leyes de Homerosterra.

e) Gorcalp estaba delgado, calvo y afeitado.

f) Homerosterra era un lugar ruidoso.

g) Gorcalp había nacido en el espectáculo del mar.

h) La supervivencia a la orilla del mar era fácil.

i) Gor estaba tranquilo porque allí había de todo.

escribir

4 **Escribe un pequeño texto en el que contestes a la pregunta: "¿Cuál era el misterio que convertía a Homerosterra en el destino final de todos ellos, en el lugar donde los sueños se tornaban realidad?".**

¡Diviértete!

- **Observa la propaganda y la historieta. Las dos tratan el mismo tema de distintas maneras.**

1

2

a) ¿Cuál de ellas:

( ) opta por el humor para discutir los cambios climáticos?
( ) elige una imagen para simbolizar los efectos de los cambios climáticos?

b) Crea una propaganda sobre uno de los problemas que afectan nuestro planeta. Puedes elegir por tratar el tema:

I. con humor, en la ilustración, en el texto o en ambos.
II. conectando cuestiones históricas a una imagen (como en la de Greenpeace, en la página 103).

LECCIÓN 2

1 **Lee este comentario y observa la imagen:**

Desde las alturas, era difícil ver las líneas que marcan el suelo desértico. Mientras nuestro piloto volaba en círculos sobre una árida meseta del sur de Perú, al norte de la población de Nasca, apenas podía distinguir una serie de figuras bellamente realizadas.

apenas = casi no.

Vista aérea del diseño de manos en las misteriosas líneas de Nasca.

- **Escucha el texto y marca** V **para verdadero y** F **para falso:**

a) Durante el vuelo sobre Nasca, se ha avistado la silueta de una ballena, de un mono y de un colibrí. ( )

b) Era difícil escuchar las explicaciones del arqueólogo porque había mucho ruido. ( )

c) Los dibujos del desierto alcanzaron enorme reconocimiento antes del inicio de la aviación comercial entre Lima y Arequipa. ( )

d) Los dibujos del desierto son conocidos también como las líneas de Nasca. ( )

e) Las líneas de Nasca eran pistas de aterrizaje para naves extraterrestres. ( )

Nasca

Ciudad peruana ubicada en el centro-sur del país, capital de la provincia del mismo nombre. Actualmente es un centro turístico de renombre internacional a causa de las milenarias líneas de Nasca, un conjunto de dibujos que se puede ver desde las alturas.

estruendo = ruido grande.

mono = simio.

colibrí = en portugués, *beija-flor* o *colibri*.

austral = perteneciente al hemisferio sur.

antropólogo = persona que profesa la ciencia que trata de los aspectos biológicos del hombre y de su comportamiento social.

lapso = transcurso, tiempo entre dos límites.

globos de aire caliente = en portugués, *balão aerostático*.

risible = que causa o es digno de risa.

2 **Escucha una vez más y completa:**

"¡________________!", gritó el arqueólogo peruano Johny Isla tratando de hacerse oír sobre el estruendo del motor y señalando la silueta de una ________________ asesina bajo nosotros. "¡________________!", anunció momentos después, cuando el famoso ________________ de Nasca se reveló ante nuestra mirada. "¡________________!".

Desde que alcanzaron enorme reconocimiento a finales de los años veinte, cuando comenzó la ________________ comercial entre Lima y la austral ciudad peruana de Arequipa, los misteriosos ________________ del desierto, conocidos como las ________________ de Nasca, han intrigado a los arqueólogos, ________________ y cualquier interesado en las culturas antiguas del continente americano; y casi durante ese mismo lapso, ________________ de científicos y aficionados han hecho interpretaciones personales de las líneas. Así, en distintos momentos las han caracterizado como ________________ incas, proyectos de ________________, imágenes que podían apreciarse solo desde primitivos ________________ de aire caliente y, la más risible de todas, pistas de ________________ para naves extraterrestres.

National Geographic en español. Editorial Televisa, Colombia, marzo 2010.

- **De acuerdo con el texto, rodea los dibujos avistados por el periodista durante su vuelo:**

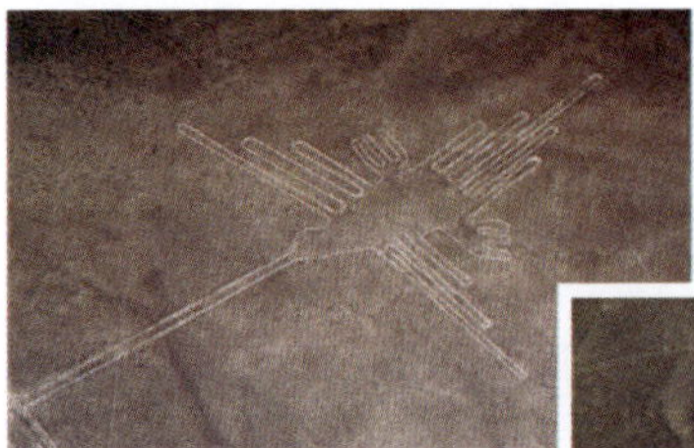

escribir

3 **En el texto del ejercicio 2 hay cuatro teorías sobre el origen de las líneas de Nasca. Cópialas:**

a) ____

b) ____

c) ____

d) ____

- **¿Cuál de esas teorías crees que es la más correcta? Defiende tu opinión sobre esa teoría y muestra por qué no crees que las demás son verdaderas:**

Creo que los dibujos eran... porque...

No creo que los dibujos fueran... porque...

leer

rapto, secuestro.

4 **Observa la viñeta y señala las afirmaciones** incorrectas**:**

a) El señor parece tener la costumbre de mentir a su mujer cuando vuelve borracho a casa.
b) La mujer le echa una bronca al señor cuando llega borracho a casa.
c) La mujer cree en la existencia de los extraterrestres.
d) El extraterrestre ha chocado su nave por culpa del señor que estaba borracho.

¡Comunícate!

1 **Observa:**

PARA FORMULAR HIPÓTESIS CON RELACIÓN AL PRESENTE	
A lo mejor + verbos en presente de indicativo	A lo mejor **hay** vida en otros planetas.
Es posible que + verbos en presente de subjuntivo	Es posible que **haya** vida en otros planetas.
Tal vez / Quizá + verbo en presente de subjuntivo	Tal vez / Quizá **haya** vida en otros planetas.

2 **En colaboración con tus compañeros/as, formula hipótesis sobre estos temas:**

a) ¿Es posible que existan extraterrestres aquí en la Tierra?
b) Si los extraterrestres vienen a la Tierra, ¿qué marcas dejan?
c) Si los extraterrestres dejan sus huellas en nuestro planeta, ¿con qué objetivo crees que lo hacen?
d) Si avistas una nave o a un extraterrestre, ¿qué haces?

GRAMÁTICA ¡ENTÉRATE!

Más verbos irregulares en pretérito imperfecto de subjuntivo

Otros verbos en **pretérito imperfecto de subjuntivo**:

Pronombres personales	TRAER	DECIR	QUERER	ANDAR
yo	trajera / trajese	dijera / dijese	quisiera / quisiese	anduviera / anduviese
tú / vos	trajeras / trajeses	dijeras / dijeses	quisieras / quisieses	anduvieras / anduvieses
Ud. / él / ella	trajera / trajese	dijera / dijese	quisiera / quisiese	anduviera / anduviese
nosotros/as	trajéramos / trajésemos	dijéramos / dijésemos	quisiéramos / quisiésemos	anduviéramos / anduviésemos
vosotros/as	trajerais / trajeseis	dijerais / dijeseis	quisierais / quisieseis	anduvierais / anduvieseis
Uds. / ellos/as	trajeran / trajesen	dijeran / dijesen	quisieran / quisiesen	anduvieran / anduvieses

Pronombres personales	PODER	SABER	PONER	CABER
yo	pudiera / pudiese	supiera / supiese	pusiera / pusiese	cupiera / cupiese
tú / vos	pudieras / pudieses	supieras / supieses	pusieras / pusieses	cupieras / cupieses
Ud. / él / ella	pudiera / pudiese	supiera / supiese	pusiera / pusiese	cupiera / cupiese
nosotros/as	pudiéramos / pudiésemos	supiéramos / supiésemos	pusiéramos / pusiésemos	cupiéramos / cupiésemos
vosotros/as	pudierais / pudieseis	supierais / supieseis	pusierais / pusieseis	cupierais / cupieseis
Uds. / ellos/as	pudieran / pudiesen	supieran / supiesen	pusieran / pusiesen	cupieran / cupiesen

escribir

1 **Completa las oraciones con los verbos entre paréntesis en** pretérito imperfecto de subjuntivo**:**

a) Me ha sorprendido esta ciudad porque no pensaba que ________________ rincones tan bonitos. (tener)
b) Mónica se fue sin que ________________ despedirse. (poder)
c) Cuando estuvo ingresado, no podía soportar que las enfermeras ________________ ruido. (hacer)
d) Juana no estaría de tan mal humor si ________________ bien por la noche. (dormir)
e) Mamá nos dijo a Antonio y a mí que más ________________ paciencia con ella. (tener)
f) Tuve que salir antes de que ________________. (llover)
g) Ustedes compraron los materiales para que los albañiles ________________ la casa. (construir)
h) Paco fue a vuestra casa para que ________________ la película. (reproducir – vosotros)
i) No creo que la policía ______________ eso con las personas. (hacer)
j) Si te ________________ tanto la cabeza como dices, te tomarías unas pastillas. (doler)

2 **¿En qué situación harías estas cosas? Conjuga el verbo entre paréntesis en** pretérito imperfecto de subjuntivo **y completa las oraciones:**

Comería mucho pescado si fuera a Japón. (ir)

a) Estudiaría más español si ______________ (poder) ...
b) Iría a la fiesta si mi madre me ______________ (traer) ...
c) No estaría tan cansada si ______________ (andar) ...
d) Me sentiría más tranquila si ______________ (saber) ...
e) Me compraría un coche muy grande si ______________ (caber) ...
f) Confiaría en Ángela si me ______________ (decir) ...
g) Trabajaría doce horas diarias si ______________ (querer) ...
h) Me sentiría más feliz si ______________ (poder) ...

3 **Alicia ha recibido algunos recados y tenía que transmitirlos a su familia. Observa:**

a) Alicia, dile a tu papá que se vaya al supermercado.
b) Alicia, dile a tu mamá que traiga la factura de la tarjeta de crédito.
c) Alicia, dile a Jaime que no camine descalzo por la casa.
d) Alicia, dile a Carmencita que no pegue a los otros niños y que no escriba en las paredes.
e) Alicia, dile a la empleada que no les diga tonterías a los niños.
f) Alicia, dile a tu abuela que no ande sola por las calles.
g) Alicia, dile a Mariana que ponga la ropa en la lavadora.

- **Sus familiares han hecho todo lo contrario de lo que se les había pedido en los recados. Aún así, ayuda Alicia a transmitírselos para que se enteren de lo que deberían hacer:**

a) Papá, mamá le pidió que ____________ usted al supermercado.
b) Mamá, papá le dijo que ____________ usted la factura de la tarjeta de crédito.
c) Jaime, mamá te ordenó que no ____________ descalzo por la casa.
d) Carmencita, papá te prohibió que ____________ a los otros niños y que no ____________ en las paredes.
e) Juana, mamá dijo que no ____________ tonterías a los niños.
f) Abuela, mamá le pidió que no ____________ usted sola por la calle.
g) Mariana, mamá dijo que ____________ la ropa en la lavadora.

¡Diviértete!

- **¿Qué saben sobre el espacio y su conquista?**

La exploración del espacio

Reglas: Divídanse y siéntense en grupos. Cada grupo deberá tener una hoja o tarjeta que corresponda a cada una de las letras (**a**, **b** y **c**) de las respuestas. Tendrán que alzarla cuando el/la profesor/a les pida la respuesta correcta tras el tiempo que tendrán para pensar. Los grupos avanzan una casilla por cada respuesta correcta. Vence el grupo que llegue al final del recorrido primero. **¡Ojo!** ¡No se olviden de marcar la respuesta correcta en el tablero!

1. Gracias a los conocimientos actuales de la Astronomía, la Tierra ocupa en el Universo un lugar:

   a) muy importante.
   b) insignificante.
   c) destacado.

2. La Tierra tiene de antigüedad:

   a) 3 000 millones de años.
   b) 4 700 millones de años.
   c) 4 000 millones de años.

3. Según las modernas teorías, la Tierra se formó a partir de:

a) polvo y gas interestelar.
b) polvo interestelar y agua.
c) vapor y arena interestelar.

4. El Sol es:

a) una galaxia.
b) un planeta.
c) una estrella.

5. La Tierra describe una órbita alrededor del Sol de:

a) 365 1/4 días.
b) 365 días.
c) 366 años luz.

6. Los planetas que giran alrededor del Sol son:

____

7. Las distancias entre la Tierra y las estrellas se miden por:

a) años luz.
b) quilómetros.
c) pulgadas.

8. Años luz es la distancia que un rayo de luz recorre en el vacío en un año. Un año luz equivale a unos:

a) 5 mil quilómetros.
b) 10 billones de quilómetros.
c) 2 millones de quilómetros.

9. La Tierra dista del Sol unos:

a) 50 millones de quilómetros.
b) 100 millones de quilómetros.
c) 150 millones de quilómetros.

10. La Luna dista de la Tierra:

a) 200 mil quilómetros.
b) 300 mil quilómetros.
c) 380 mil quilómetros.

11. Nuestro vecino más cercano en el espacio es:

a) la Luna.
b) el Sol.
c) Marte.

12. La Luna gira alrededor de la Tierra y tarda en eso:

a) 28 1/4 días.
b) 27 1/3 días.
c) 30 días.

13. La carrera espacial comenzó en:

a) 1969, cuando los americanos colocaron en órbita alrededor de la Tierra el Apolo 11.

b) 1957, cuando los rusos colocaron en órbita alrededor de la Tierra el Sputnik.
c) 1965, cuando los rusos colocaron en órbita alrededor de la Luna el Voyager.

14. En sus viajes, el Voyager no ha hallado en el Sistema Solar:

a) extraterrestres y agua.
b) indicios de vida, oxígeno y agua.
c) oxígeno y agua.

15. La soviética Valentina Tereshkova fue la primera mujer que:

a) navegó por el espacio.
b) se doctoró en astronomía.
c) publicó un libro sobre la conquista espacial.

16. Valentina Tereshkova:

a) pisó la Luna en 1969.
b) navegó con los estadounidenses rumbo a Marte.
c) describió 48 órbitas alrededor de la Tierra a bordo de la nave Vostok 6 en junio de 1963.

17. El astrónomo polaco Copérnico sugería en su publicación de 1543 que:

a) los planetas giraban alrededor del Sol, describiendo órbitas circulares.
b) la Iglesia Católica tenía razón al afirmar que la Tierra era el planeta más importante del Universo.
c) la Tierra era el centro del Universo.

18. El astrónomo italiano Galileo fue:

a) el inventor de un tipo de telescopio, el reflector, que emplea un espejo, y no una lente, para captar la luz.
b) uno de los primeros hombres que observó el cielo por la noche mediante un telescopio.
c) el inventor del telescopio en 1558.

19. El inventor del telescopio reflector fue:

a) Isaac Newton en 1668.
b) William Herschel en 1781.
c) Yuri Gagarin en 1961.

20. Los primeros hombres en pisar el suelo de la Luna fueron:

a) Neil Armstrong, Edwin Aldrin y Michael Collins en la Apolo 11.
b) Neil Armstrong y Edwin Aldrin en la Apolo 11.
c) Neil Armstrong y Michael Collins en la Challenger.

Biblioteca Básica Altea. *La exploración del espacio*. Madrid: Altea, Taurus, Alfaguara, 1991. p. 4.

taller de creación 3

UNA PROGRAMACIÓN DE TV PARA LA JUVENTUD

La propuesta de este taller es la creación de una programación de TV para la buena formación de la juventud de hoy.

Antes de hacerla, clasifica la actual programación de la televisión en:

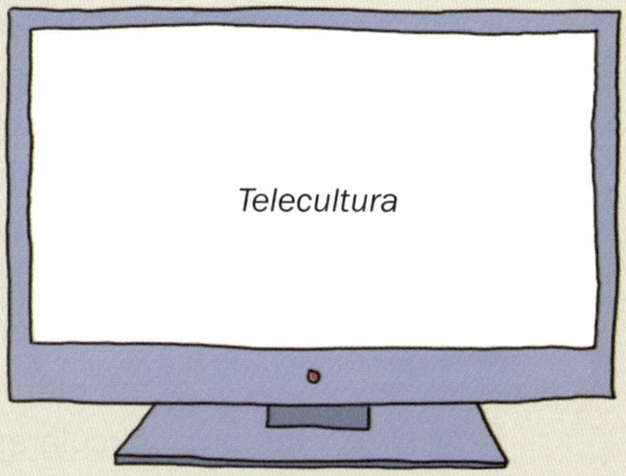

Cultura

Cultura es la forma por la cual las personas se humanizan; esto es, se vuelven afables, por medio de prácticas que proporcionan su existencia, su relación con el otro (naturaleza, hombres, mujeres, dioses, etc.). Dichas prácticas se dan por medio de la culinaria, la ropa, el mobiliario, las diferentes viviendas, los hábitos a la mesa, las ceremonias, la relación con los/as ancianos/as, los jóvenes, los animales y con la tierra, los utensilios, las técnicas, los grupos sociales (por ejemplo, la familia) y políticos (por ejemplo, el Estado), las costumbres delante de la muerte, la guerra, el trabajo, las ciencias, las artes, los juegos, las fiestas, las diferencias sexuales y étnicas, etc.

Fragmento escrito a partir de CHAUÍ, Marilena. “A cultura”. En: *Convite à filosofia*. 12 ed. São Paulo: Ática. p. 295.

La nueva programación para la juventud

Instrucciones

- Para hacerla, considera que tienes que rellenar los vacíos de la programación con 9 tipos de programas diferentes, dándoles un nombre: noticieros (locales e internacionales, documentales); películas; programas culturales (musicales, ópera, ballet, programas sobre historia, etc.); dibujos animados; actualidad deportiva; programas educativos (ecología, aficiones y profesiones); los de tu elección.
- Los programas no deben exceder de 1:30 h.

La nueva programación

a) **La programación semanal:**

13:00		17:30	
13:30		18:00	
14:00		18:30	
14:30		19:00	
15:00		19:30	
15:30		20:00	
16:00		20:30	
16:30		21:00	
17:00			

b) **La programación de fin de semana:**

13:00		18:30	
13:30		19:00	
14:00		19:30	
14:30		20:00	
15:00		20:30	
15:30		21:00	
16:00		21:30	
16:30		22:00	
17:00		22:30	
17:30		23:00	
18:00		23:30	

En grupos:

Comparen sus decisiones. Expliquen y defiendan sus opiniones. Oigan atentamente la opinión de los/as compañeros/as, pero no tengan miedo a discordar. Intenten encontrar la mejor solución para una sola programación del grupo. Un miembro del equipo deberá describir lo decidido entre ustedes a los demás grupos de clase.

7 ¡Sube el volumen!

Músicos jugando al laúd, gaita, triángulo, cuerno, viola y tambor.

¿CUÁL ES LA DEFINICIÓN CORRECTA?	
1. disquera	a) Composición, por lo general en verso, que se canta y a la que se puede poner música. ( )
2. gira	b) Persona que se dedica profesionalmente a cantar. ( )
3. balada	c) Empresa que se encarga de la manufactura, producción y distribución de discos musicales. ( )
4. música	d) Función pública en la que se cantan o se tocan composiciones musicales. ( )
5. canción	e) Conjunto de discos de un tema, de un autor o cualquier otra característica común. ( )
6. discografía	f) Instrumento musical de cuerda compuesto por una caja de resonancia en forma de óvalo estrechado, con un agujero central, un mástil y seis cuerdas. ( )
7. concierto	g) Autor de canciones que es también intérprete de sus propias composiciones, en general, comprometido con su entorno y su tiempo. ( )
8. guitarra	h) Serie de actuaciones de una compañía o de un artista en diferentes localidades. ( )
9. cantante	i) Canción romántica de ritmo suave y melodioso. ( )
10. cantautor	j) Arte de combinar los sonidos de la voz o conjunto de composiciones con una característica común. ( )

LECCIÓN 1

escribir

1 ¿Qué opinas de los géneros musicales?

- **Apunta en el cuadro tus preferencias de acuerdo con el siguiente listado:**

  Me gusta mucho.
  Me gusta.
  No me gusta (nada).
  Lo/a detesto.
  No lo/a conozco.

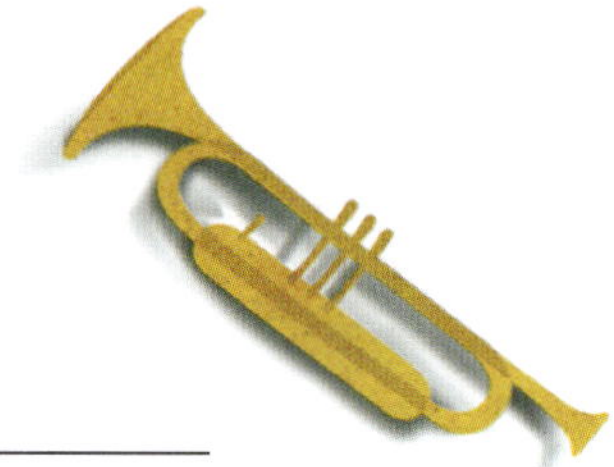

Pop, *pop-rock*: ____________

Dance: ____________

Latina, salsa: ____________

Electrónica: ____________

Baladas: ____________

Rumba: ____________

Flamenco: ____________

Rock and roll, *rock* clásico: ____________

____

Hip-hop, *rap*: ____________

Rock alternative, *grunge*, *indie-rock*:

____

Indie-pop, *power-pop*, *pop* alternativo:

____

Popular o típica de una región:

____

Reggae, *ska*: ____________

Músicas del mundo, étnicas: ____________

____

Rythm&blues, *soul*, *funk*: ____________

____

Heavy metal: ____________

Clásica: ____________

Rock progresivo, psicodelia: ____________

____

Punk, *hardcore*: ____________

New age: ____________

Jazz: ____________

Folk, *country*, *blues*: ____________

Otros: ____________

____

____

____

hablar

- **Compara tus respuestas con las de tus compañeros/as.**
  a) ¿Qué géneros son los preferidos del grupo?
  b) ¿Qué géneros han añadido al listado?

escuchar
banda 14

2 **De acuerdo con lo que vas a oír, rodea la imagen que corresponde a la reacción que le provoca al chico escuchar canciones:**

se pone triste	le da igual	se pone alegre

a) Escucha una vez más y rellena el cuadro:

CUANDO IVÁN...	ESCUCHA...
...sale a rumbear	
...está con los amigos	...rock
...está solo	
...está triste	

rumbear = andar de parranda o de juerga, tocar instrumentos, cantar o bailar para divertirse.

b) Rellena los huecos:

Como la música influye en mí

La música ha tenido un papel muy ________________ en mi vida y me ha ayudado en muchas situaciones. Por ejemplo, cuando estoy ________________ y quiero estar feliz escucho una canción. Soy una persona a la que le gustan varios ________________ de música, dependiendo del momento escucho la música más apropiada para la situación o ________________ que estoy realizando. Por ejemplo, cuando salgo a ________________ me gusta escuchar salsa, vallenatos, entre otros y cuando estoy con mis amigos o solo me gusta escuchar ________________.

Es evidente que la música está ________________ en todos y cada uno de los aspectos de mi vida; y puede reflejar aspectos ________________ de mi modo de vivir.

En: <http://ivanhernandez-personalidad-musica.blogspot.com>.
Fecha de consulta: 18 enero 2011.

Ritmos hispánicos
9 Para el tema ***Ritmos folclóricos del mundo hispánico***, accede y explora este recurso digital.

Vallenato

Género musical colombiano (influenciado por mitos africanos y caribeños), original de la costa caribeña, cuya popularidad se ha extendido a todas las regiones de Colombia y a otros países hispanoamericanos. Se interpreta con tres instrumentos que no requieren amplificación alguna: dos de percusión, la caja y la guacharaca, y el acordeón diatónico.

escribir

3 **Completa el cuadro con tu opinión:**

CUANDO ...	ESCUCHO ...
estoy triste	
estoy alegre	
estoy con los/as amigos/as	
estoy solo/a	
salgo a bailar	
no tengo nada que hacer	

¡Comunícate!

1 **Observa la situación y comenta con tus compañeros/as:**

PARA EXPRESAR TRANSFORMACIONES DE ESTADO DE ÁNIMO DE CORTA DURACIÓN: PONERSE + ADJETIVOS

- **¿Cómo te sientes cuando...**

a) ... toca tu canción favorita?
b) ... te invitan a bailar?
c) ... tienes un examen de matemáticas?
d) ... toca el despertador por la mañana?
e) ... sacas un diez en el examen de español?
f) ... se enferma tu mejor amigo/a?

escribir

2 **Elabora un *post* para un *blog*. Cuenta cómo la música influye en ti y cómo te pones al escuchar algunas canciones.**

post = publicación en forma de texto, foto, vídeo y audio (o el conjunto de algunos de ellos) de un blog. Por extensión, se usa el verbo postear en.

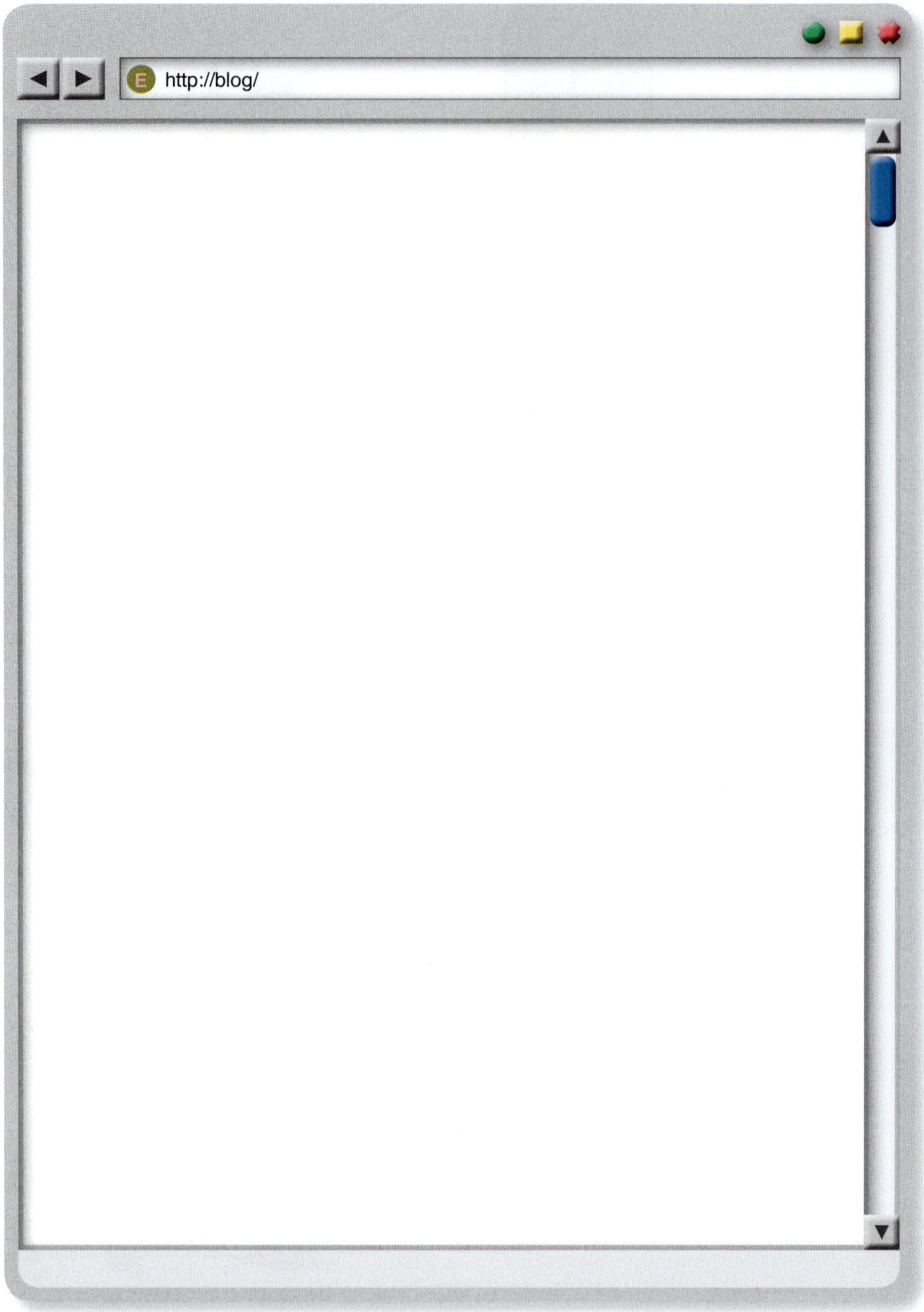

leer

3 **Observa la tira y contesta** V **para verdadero y** F **para falso:**

a) En las tres situaciones, los chicos están en una fiesta. (   )
b) Las chicas se ponen alegres con la entrega del regalo en las tres situaciones. (   )
c) Las medias en las que el chico graba las canciones son distintas en las tres situaciones. (   )

- **Lee la tira y completa las oraciones:**

En: <http://www.guiadelcomic.es/>. Fecha de consulta: 23 enero 2011.

a) En 1989, los enamorados se regalaban ____________ con sus canciones favoritas.

b) Se ha empezado a usar los ____________ para grabar canciones solo en el final de los años 90.

c) En el siglo XXI, los enamorados se envían ____________ de canciones por e-mail.

d) Hoy en día, para oír las canciones de un listado que se envía por *e-mail* es necesario ____________ de *internet*.

e) Al recibir el regalo, la chica de la última viñeta se ha puesto menos ____________ que las chicas de la 1ª y de la 2ª viñetas.

f) Según la tira, actualmente los/as enamorados/as andan menos ______________________ a causa de *internet*.

g) A pesar de que en cada viñeta los enamorados le regalan un diferente tipo de media a su novia, todos coinciden en elegir sus ______________________.

h) En la tira, en cada una de las décadas, los chicos presentan diferentes formas de vestirse, de portarse y de ______________________.

tip *En las viñetas 1 y 3, el personaje usa las expresiones "mira" y "oye" para* ***llamarle la atención*** *a la chica. Esas formas dependen de cómo tratamos al interlocutor, o sea, de tú, vos, usted, vosotros o ustedes.*
En la actualidad, algunos funcionalistas y pragmaticistas consideran esas expresiones como gramaticalizadas, o sea, son consideradas marcadores discursivos. Por lo tanto, su morfología ya no se asociaría siempre a la desinencia de persona de los verbos en imperativo. Esto quiere decir que, algunas veces, se puede tratar a alguien de ***usted****, pero al usar una de las formas flexionada en la forma* ***tú****: Oye, ¿no quiere usted venir con nosotros?*

Forma de tratamiento	**mirar**	**oír**
tú	*mira*	*oye*
vos	*mirá*	*oí*
usted	*mire*	*oiga*
vosotros/as	*mirad*	*oíd*
ustedes	*miren*	*oigan*

- **Contesta:**

a) ¿Cuáles son tus canciones favoritas?
b) Y tus cantantes/bandas preferidos/as, ¿cuáles son? ¿Por qué te gustan?
c) ¿Qué cantantes o grupos musicales españoles e hispanoamericanos conoces? ¿Te gustan? ¿Por qué?
d) ¿Te parece correcto bajar canciones de internet en vez de comprar CDs? ¿Por qué?

GRAMÁTICA ¡ENTÉRATE!

Marcadores temporales para situar y describir los acontecimientos en el tiempo

Observa lo que dicen estos jóvenes:

En los ejemplos, están destacas en negrita **expresiones temporales / medidas de tiempo** que nos ayudan a situar y a describir los acontecimientos de acuerdo con el tiempo cronológico. O sea, para precisar **cuándo** ha pasado, está pasando o pasará lo que estamos contando. Observa:

PARA SITUAR EL ACONTECIMIENTO EN:	SE USA:
PRESENTE	**Hoy en día**, se bajan muchas canciones de *internet*. **Actualmente/En la actualidad** los enamorados andan menos románticos a causa de *internet*. **Ahora**, estamos escuchando a León Gieco y a Mercedes Sosa. **Últimamente**, he oído música *country*.
PASADO	**Hoy** hemos oído salsa y merengue. **Esta semana** no hemos escuchado la radio. **Siempre/nunca** hemos admirado a esta cantante. Los Admirables **ya/todavía no** han vuelto de su gira por Brasil. **Ayer** compré el nuevo CD de Dulce María./**Ayer** no podía cantar porque me dolía la garganta. **Hace algunos años** (**días**, **meses**, **semanas**), fui a la disco con una amiga. **Hace dos días** (**meses**, **años**, **semanas**) no encontraba mi CD de Juanes. **En el siglo XV**, no había discotecas./**En el siglo XV**, no habían inventado el CD./**En el siglo XV**, nacieron grandes músicos. **A finales** de (**a mediados de**, **a principios de**) 1999, grabé una nueva canción. **El 25 de Julio del 77**, este grupo lanzó una nueva canción. **En 1982/En el año 1982**, había pocas tienda de discos. **En 1982/En el año 1982**, lanzaron su primera canción. **En (la década de) los 90**, debutaron varias cantantes de *pop rock*. **Entre 1968 y 1970**, hubo varios festivales de música popular.
FUTURO	**En 2050**, no será necesario tocar los instrumentos, pensaremos en ellos y el sonido se materializará. **Dentro de un mes, una semana, un año** mi banda favorita va a tocar en la capital. **Entre 2050 y 2070**, van a desaparecer todas las canciones que traten sobre (abarquen el tema de) las injusticias sociales del mundo.

escribir

1 **Lee la biografía, conjuga los verbos en los tiempos pedidos y rellena los huecos con los marcadores temporales del cuadro:**

En 1999 – El 27 de agosto del 82 – La década de los 90
En 1981 – Entre 1984 y 1998 – En el año 2001
En la actualidad – En 1983

Grupo Barón Rojo.

Barón Rojo

_______________ (ser – pres. de ind.) un grupo de heavy/rock español, llamado así en homenaje al aviador alemán Manfred von Richthofen, conocido como el Barón Rojo. _______________ (nacer – pret. perf.) de la unión de cuatro músicos: Armando y Carlos De Castro, José Luis Campuzano, el "Sherpa", y Hermes Calabria.

_______________ (debutar – pret. perf.) _______________ con el álbum *Larga vida al rock'n roll* que _______________ (obtener – pret. perf.) una considerable aceptación y _______________ (proporcionar – pret. perf.) al grupo actuaciones por toda España y comentarios en televisión, radio y prensa. _______________ (lanzar – pret. perf.) como primer single el tema "Con botas sucias". El grupo _______________ (trasladarse – pret. perf.) a Londres, donde _______________ (grabar – pret. perf.) su segundo trabajo, *Volumen Brutal*, del que _______________ (existir – pres. de ind.) dos versiones, una en castellano y otra en inglés. Este LP _______________ (tener – pret. perf.) ventas a nivel mundial, incluso en tierras japonesas.

____________________, Barón Rojo _______________ (actuar – pret. perf.) junto a Iron Maiden y otras grandes bandas en el "Reading Festival 82".

____________________ (publicarse – pret. perf.) el tercer disco, *Metalmorfosis*, grabado también en Londres, en el que _______________ (aparecer – pret. perf.) temas como "El malo" y "Tierra de vándalos".

____________________, _______________ (salir – pret. perf.) a la venta otros discos pero no todos _______________ (tener – pret. perf.) el mismo éxito que los antes citados.

_______________, _______________ (aparecer – pret. perf.) en el mercado un doble disco titulado *Cueste lo que cueste*, que _______________ (recoger – pret. imperf.) 26 temas clásicos del grupo y cuatro novedades.

_______________, coincidiendo con el 20 aniversario del grupo, _______________ (presentar – pret. perf.) un nuevo disco titulado *20+*.

Baron Rojo _______________ (actuar – pret. perf. comp.) en directo en varios lugares de Europa, así como en Estados Unidos, Sudamérica e incluso en el continente africano. _______________ (ser – pret. perf. comp.), junto a Obús y Ángeles del Infierno, el grupo de heavy metal español de referencia para muchas de las bandas de rock duro surgidas en España en ____________________ y _______________.

En: <http://www.quedeletras.com/>. Fecha de consulta: 6 febrero 2011.

LP

Long Play (LP es el nombre que se da al disco de vinilo), también denominado gramofónico, es una media que ha surgido al inicio de la década de 1950 y que, a comienzos de la década de 1990, ha sido desplazado por el CD.

- **Contesta a las preguntas sobre la banda Barón Rojo:**

a) ¿En qué década el grupo lanzó su primer single?

____

b) ¿En qué fecha el Barón Rojo actuó junto a otras grandes bandas de rock?

____

c) El disco *Metalmorfosis*, grabado en Londres, ¿se publicó en qué año?

____

d) ¿En qué período los LPs del grupo no tuvieron mucho éxito?

____

e) ¿Cuándo los hermanos De Castro decidieron experimentar nuevas formaciones para la banda?

____

f) ¿Cuándo el grupo recogió 26 temas clásicos en un doble disco?

____

g) ¿Cuándo el grupo cumplió 20 años de carrera?

____

h) ¿En qué década el grupo fue referencia para otras bandas de rock españolas?

____

2 **Completa cada oración con uno de los marcadores temporales del cuadro sin repetir ninguno:**

Hoy en día – Entre 2020 y 2030 – Ayer – Este mes
Entre 1990 y 2010 – En 2001 – Siempre

a) ____________ mis amigos y yo fuimos al cine por la tarde.
b) ____________ las personas ven más tv que hace diez años.
c) ____________, tuvo inicio el siglo XXI.

d) ____________________ he querido conocer Cuba y el Caribe.

e) ____________________, fueron lanzados varios grupos musicales nuevos en el mercado.

f) ____________________ he oído poca música porque tenía que estudiar.

g) ____________________, se descubrirán varias enfermedades y se crearán nuevas vacunas para curarlas.

¡Diviértete!

- **Organiza las letras y descubre el nombre de los instrumentos musicales:**

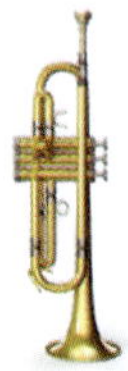

trmtaope

____

abetría

____

gatuirra

____

lnovií

____

atufla

____

ónagro

____

anopi

____

bojoscantra

____

aódorcen

____

teclerian

____

LECCIÓN 2

leer

1 Lee estas afirmaciones sobre música y escribe en los paréntesis:

(1) Si crees que la afirmación es verdadera.
(2) Si crees que la afirmación es falsa.

a) La palabra música viene del griego y significa "el arte de las musas". ( )
b) Utiliza los principios fundamentales de la melodía, armonía y ritmo y es la organización, de forma sensible y lógica, de una combinación de sonidos y silencios. ( )
c) En la composición musical no intervienen procesos psicológicos. ( )
d) No es un producto cultural. ( )
e) Su objetivo es suscitar una experiencia estética, expresar sentimientos, circunstancias, pensamientos o ideas. ( )
f) Puede cumplir con variadas funciones, comunicar, entretener, ambientar, etc. ( )
g) La mayor parte de las culturas humanas tiene manifestaciones musicales. ( )

- **Lee el texto y confirma tus respuestas:**

La **música** (del griego: μουσική [τέχνη] – mousikē [téchnē], "el arte de las musas") es, según la definición tradicional del término, el arte de organizar sensible y lógicamente una combinación coherente de sonidos y silencios utilizando los principios fundamentales de la melodía, la armonía y el ritmo, mediante la intervención de complejos procesos psico-anímicos. El concepto de música ha ido evolucionando desde su origen en la antigua Grecia, en que se reunía sin distinción a la poesía, la música y la danza como arte unitario. Desde hace varias décadas se ha vuelto más compleja la definición de qué es y qué no es la música (...).

La música, como toda manifestación artística, es un producto cultural. El fin de este arte es suscitar una experiencia estética en el oyente, y expresar sentimientos, circunstancias, pensamientos o ideas. Es un estímulo que afecta el campo perceptivo del individuo; así, el flujo sonoro puede cumplir con variadas funciones (entretenimiento, comunicación, ambientación, etc.). (...)

ciencia que trata de la belleza y de la teoría fundamental y filosófica del arte.

____
____
____

Buena parte de las culturas humanas tiene manifestaciones musicales. (...) Independientemente de lo que las diversas prácticas musicales de diversos pueblos y culturas tengan en común, es importante no perder de vista la diversidad en cuanto a los instrumentos utilizados para producirlas, en cuanto a las formas de emitir la voz, en cuanto a las formas de tratar el ritmo y la melodía y —sobre todo— en cuanto a la función que desempeña la música en las diferentes sociedades: no es lo mismo la música que se escucha en una celebración religiosa que la música que se escucha en un anuncio publicitario, ni que la música que se baila en una discoteca.

En: <http://es.wikipedia.org/>. Fecha de consulta: 23 enero 2011.

leer

2 **Observa la viñeta y contesta:**

Adão Iturrusgarai. *Folhateen*. São Paulo, 18 junio 2001. p. 12.

expresión con la que se indica admiración y sorpresa. También se usa para expresar extrañeza o disgusto.

I. Para el chaval, tocar la guitarra es:

a) una afición. b) un problema. c) algo prohibido.

II. Al chico le gusta tocar:

a) baladas. b) *rock* duro. c) la cueca.

La cueca

Es el baile nacional de Chile, aunque también se baila en otros países hispanoamericanos como Argentina y Bolivia. Es un baile de parejas sueltas. Los bailarines llevan un pañuelo en la mano derecha, dan vueltas y medias vueltas y hacen diversos floreos.

III. Para el padre:

a) La música que hace el chico combina de forma melódica el silencio y el sonido.
b) Lo que su hijo toca no es música.
c) Lo importante es que el hijo lo invite a tocar en su banda.

IV. El chico invita al padre a participar de su banda porque:

a) El padre toca muy bien la guitarra.
b) Al padre le gusta su música.
c) El padre se comporta como los músicos de las bandas de rock duro.

- **En tu opinión, para el chico de la viñeta, ¿qué función tiene la música que está tocando?**

a) Entretenerlo.
b) Comunicar algo a los demás.
c) Vender un producto o una idea.
d) Otras:

escuchar
banda 15

3 Escucha la letra de la canción que estaba tocando el chico del ejercicio anterior y rellena los huecos:

Rock Around the Clock

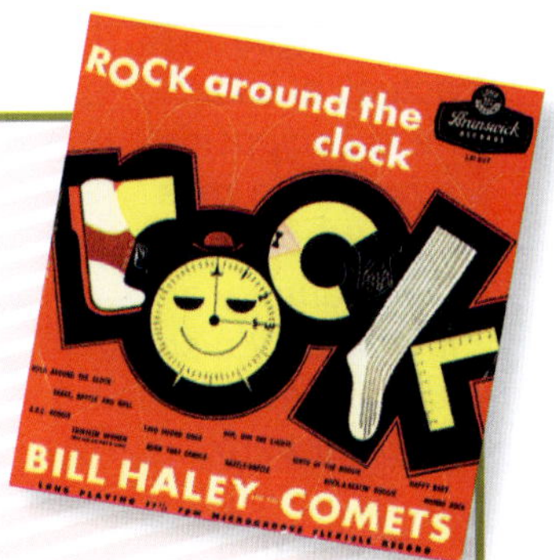

Rock Around the Clock (*El Rock del Reloj*) es una canción de *rock and roll* escrita en 1952 por Max C. Freedman y James E. Myers, grabada por primera vez por el grupo italo-americano Sonny Dae and His Knights. Su versión más famosa es la realizada por *Bill Haley y sus Cometas* en 1954. No fue la primera canción que se puede denominar de *rock*, pero fue la primera que llegó al número 1 en la lista de ventas en los Estados Unidos. También es considerada por la revista *Rolling Stone* como la número 158 en su lista de las 500 mejores canciones de todos los tiempos.

En: <http://es.wikipedia.org>. Fecha de consulta: 23 enero 2011.

Larga vida al *rock & roll*

Al principio fue solo bailar,
todos alrededor de un _______________.
Pero nadie supo adivinar,
que sería el _______________ mejor. — 1
Por la imagen que nos dio,
¡Larga vida al *rock and roll*!

Cuando oigo tocar *rock and roll*,
yo me olvido del mundo _______________.
Siento todo y es todo mejor, — 2
la energía me va al _______________.

marcha = euforia individual o colectiva, diversión.

Por la marcha que nos dio, — 3
¡Larga vida, *rock and roll*!

desdén = menosprecio, indiferencia.

Cuando quiero decir _______________,
en nombre de mi generación.
Simplemente digo *rock and roll* — 4
y mi _______________ me entiende mejor.

Tú que piensas que ya se acabó,
manifiestas un claro _______________.
Por lo que el *rock and roll* representa, — 5
mas él no morirá, ¡_______________!.

Cuando _______________ — 6

Cuando quiero decir _______________,
en nombre de mi generación.
Simplemente digo *rock and roll* — 7
y mi _______________ me entiende mejor.

Tú que piensas que ya se acabó,
manifiestas un claro _______________
Por lo que el *rock and roll* representa — 8
mas él no morirá, _______________!

Barón Rojo, España.

En: <http://www.baronrojo.net/lt.htm>. Fecha de consulta: 6 febrero 2012.

tip

En la lengua actual, el uso de la conjunción adversativa ***mas*** *está limitado a la literatura y a la música. En su lugar se suele emplear* ***pero****.*

... Por lo que el *rock and roll* representa pero él no morirá, ¡apuesta!

- **¿Cuál es el tema de la canción?**

a) ( ) La muerte del *rock and roll*.
b) ( ) La historia del *rock and roll*.
c) ( ) El desdén por el *rock and roll*.
d) ( ) La fuerza del *rock and roll*.

- **Según la canción, para una generación, el *rock and roll* representa:**

  a) (   ) una apuesta.
  b) (   ) el desdén por la sociedad.
  c) (   ) una rebelión contra normas y costumbres.
  d) (   ) el mundo exterior.

- Ahora un desafío: **¿Cuál es el tema de cada una de las 4 primeras estrofas de la canción? Copia los temas en el cuadro:**

1ª estrofa: ______________________________
____
2ª estrofa: ______________________________
____
3ª estrofa: ______________________________
____
4ª estrofa: ______________________________
____

4 **Completa el esquema incorporando la información sobre los temas de los que trata la canción:**

El asunto de la canción *pop* es: ______________________

Los temas siguen el siguiente orden:

- **Primero,** ______________________________
____
____

- **Luego,** ______________
____
____
____

- **Después,** ______________
____
____
____

- **Por último,** ______________
____
____
____

¡Comunícate!

1 **Entérate de lo que algunos internautas han opinado sobre la canción** Larga vida al *rock & roll*:

PARA MOSTRAR QUE CONSIDERAMOS ALGO SUPERIOR		
Con las expresiones	**Con adjetivos en superlativo**	*¡Grandísimos! Y esta canción se merece un diez.* *¡Lo peor que ya he oído!* *BASURA.* *Lo mejor para tus oídos.* ☺
(de) lo mejor (de) lo peor	grandísimo/a/os/as inteligentísimo/a/os/as divertidísimo/a/os/as malísimo/a/os/as	

2 **Charla con tus compañeros/as y expresa tú también tu opinión sobre la canción** Larga vida al *rock & roll*.

tip

Superlativos
Algunos adjetivos sufren pequeños cambios ortográficos cuando están en superlativo.
Ejemplos:
*poco – po**qu**ísimo*
*feroz – fero**c**ísimo*
*largo – lar**gu**ísimo*
*antiguo – anti**qu**ísimo*

GRAMÁTICA ¡ENTÉRATE!

Tiempos verbales del modo indicativo y perífrasis verbales

¡Recuerda!

Vamos a recordar el uso de algunos tiempos verbales del modo indicativo, **presente**, **pretérito perfecto compuesto**, **pretérito prefecto simple**, **pretérito imperfecto**, **pretérito pluscuamperfecto** y **futuro simple** y las perífrasis verbales, **estar + gerundio** e **ir + a + infinitivo**.

- Para contar situaciones y acciones del presente, se emplea el **presente de indicativo** si la idea es de habitualidad y la perífrasis **estar + gerundio** para describir una acción o estado en desarrollo:

- Para contar situaciones y acciones del pasado, empleamos el **pretérito perfecto compuesto** si se desea mostrar relación con el presente cronológico, el **pretérito perfecto simple** si no hay relación con el presente cronológico, el **imperfecto** para describir y el **pluscuamperfecto de indicativo** para expresar anterioridad con relación a otra acción o situación del pasado:

*Esta mañana **he escrito** una nueva canción.*

*Ayer **compré** las entradas para el concierto de los Presuntos Implicados.*

*Cuando era niña, **me gustaban** las canciones folklóricas.*

*Cuando **llegué** al concierto, la banda ya **había** tocado mi canción favorita.*

- Para las situaciones y acciones del futuro, se emplea el **futuro simple de indicativo** para mostrar que consideramos una hipótesis lo que estamos contando y la perífrasis **ir** + **a** + **infinitivo** para mostrar que lo que estamos contando es algo decidido:

*En 2020, **descubrirán** la cura para todas las enfermedades que existen.*

*Dentro de algunos años, **vamos a andar** en metro por toda la ciudad.*

escribir

1 Conjuga los verbos en los tiempos verbales pedidos:

Maná

Banda de rock mexicana formada a mediados de los años 70 y mundialmente famosa. Entre sus éxitos están las canciones *Vivir sin aire* y *Labios compartidos*.

¿Dónde jugarán los niños?

alcatraces = tipo de planta con flores, muy común en Méjico.

papalotes = cometa, barrilete, juguete de papel.

aceite = en portugués, óleo.

_______________ el abuelo que (contar – presente de indicativo)
de niño él _______________ (jugar – pretérito perfecto simple)
Entre árboles y risas
y alcatraces de color
_______________ un río (recordar – presente de indicativo)
transparente sin olores,
Donde _______________ peces, (abundar – pretérito imperfecto)
no _______________ ni un dolor (sufrir – pretérito imperfecto)

_______________ mi abuelo (contar – presente de indicativo)
de un cielo muy azul,
En donde _______________ papalotes (volar – pretérito perfecto simple)
Que él mismo _______________ (construir – pretérito perfecto simple)
El tiempo _______________ y (pasar – pretérito perfecto simple)
nuestro viejo ya _______________ (morir – pretérito perfecto simple)

Y hoy me _______________ (preguntar – pretérito perfecto simple)
después de tanta destrucción

¿Dónde diablos _______________ los pobres niños? (jugar – futuro simple)
¡Ay ay ay!
¿En dónde _______________? (jugar – futuro simple)
Se _______________ quemando el mundo (estar - presente de indicativo)
Ya no _______________ lugar (haber – presente de indicativo)

La tierra _______________ a punto (estar – presente de indicativo)
de partirse en dos
El cielo ya se _______________, (romper – pretérito perfecto compuesto)
ya se _______________ el llanto gris (romper – pretérito perfecto compuesto)
La mar _______________ ríos de aceite sin cesar (vomitar – presente indicativo)
Y hoy me _______________ (preguntar – pretérito perfecto simple)
después de tanta destrucción

¿Dónde diablos _______________ los pobres niños? (jugar – futuro simple)
¡Ay ay ay!
¿En dónde _______________? (jugar – futuro simple)
Se _______________ quemando el mundo (estar – presente de indicativo)
Ya no _______________ lugar (haber – presente de indicativo)

¿Dónde diablos _______________ los pobres nenes? (jugar – futuro simple)
¡Ay ay ay!
¿En dónde _______________? (jugar – futuro simple)
Se _______________ quemando el mundo (estar – presente de indicativo)
Ya no _______________ lugar (haber – presente de indicativo)

no _______________ lugar en este mundo. (haber – presente de indicativo)

Maná. *Arde el cielo*.
México: WEA Latina, 2008.

- **Busca en la canción y copia en el cuadro los versos que tratan de situaciones/acciones del:**

PASADO	PRESENTE	FUTURO
...él jugó entre árboles y risas y alcatraces de color	Cuenta el abuelo que de niño	

escuchar banda 16

2 **En los últimos años, han surgido muchas tribus urbanas influenciadas por diferentes géneros musicales. Escucha y subraya la forma correcta de los verbos:**

Tribu urbana

Es un grupo de personas que se comporta de acuerdo a una ideología, acompañada de convicciones sociopolíticas, creencias religiosas o de carácter místico y, muchas veces, de un gusto musical común a todos sus integrantes. Se origina y se desarrolla en el ambiente de una ciudad y se caracteriza por mantener una estética (apariencia y comportamiento) similar entre varios individuos.

convicciones = certeza, seguridad.

a) Los **visuals**:

Lucen atuendos extravagantes y maquillaje. Pero, ¿porqué se visten/habían vestido y se habían pintado/pintan así? Para explicarlo tenemos que remontarnos a finales de la década de los 80 cuando en las principales ciudades japonesas comenzó/ha comenzado a forjarse este estilo, que tiene/había tenido como característica el culto por lo estético, teniendo como su máximo referente a la agrupación nipona glam Visual Scandals y a la banda japonesa de heavy metal X. Este éxito se debía/deberá en gran parte gracias a la atención que provocaba/provocará la extravagante apariencia de los músicos, quienes al igual que otras grandes bandas occidentales de la época cuidaban/cuidaba tanto su imagen como su música.

b) Los **rolingas**:

Rolinga es el nombre dado a una tribu urbana de la Argentina, cuya popularidad estalló/estallaba en 1995. También se denominó/había denominado de esta forma a sus seguidores. Un sinónimo de esta tribu fue/es la palabra *stone*. Se había caracterizado/caracteriza por su estética basada, entre otras influencias, en la de Mick Jagger, componente de la banda Rolling Stones, en la década de los 60. Una de las características de los rolingas es/eres su estética estereotipada. No obstante, en los últimos años la cultura rasta y villera influía/influyó en ella.

c) Los **hiphoperos** o **raperos**:

El **hip-hop** en realidad no es solo un género musical, es una cultura y tiene sus propias expresiones artísticas que se definen/definían en: baile (que lo representa el break dance), pintura (cuya máxima expresión es el graffiti) y finalmente música (que es la música basada en bits de batería, que llamamos RAP).

Siendo el rap un género musical acuñado en los suburbios, no es/eres de extrañar que las letras que empiezan/empezaron a usarse como protesta social y denuncia, hayan influido en la juventud de ayer y de hoy. En un principio, la mayoría de las letras, abnegaba/abniega de la ostentación

lucen = visten.

atuendos = vestidos.

forjarse = formar.

nipona = japonesa.

estereotipada = caracterizada por gestos y expresiones que se repiten sin variación.

rasta = hace referencia al movimiento rastafari, surgido en Jamaica en 1920.

villera = común en Argentina, hace referencia a jóvenes que viven en villas, parte pobre de las ciudades.

acuñado = que ha recibido una forma.

gangsta rap = nombre de un género de rap que describe el cotidiano violento de los/as jóvenes de algunas ciudades.

de la riqueza y del tráfico de drogas, siendo muy críticas con el estado o las fuerzas de la ley. Muchas de las canciones con palabras malsonantes o políticamente incorrectas se han visto/han veído censuradas en varias estaciones de radio y televisión. El reciente éxito del gangsta rap también ha tenido/había tenido un significante impacto social en el comportamiento de la juventud de hoy en día. Las actitudes retratadas en la lírica y los vídeos de ciertos raperos fueron/son apología del estilo de vida machista y violento.

En: <http://www.detribusurbanas.com/tipos>.
Fecha de consulta: 1 febrero 2011. (Adaptado)

¡Diviértete!

- **¿Conoces otras tribus urbanas y los géneros musicales que las influencian? Haz lo que se te pide:**
  a) Elige una de ellas, investiga cuál es su origen, historia, estilo musical, etc.
  b) Con tus compañeros/as, prepara y presenta una dramatización acerca de esa tribu.

Los emos.

Los góticos.

Los clubbers.

Los punks.

Los hippies.

8 En escena

El óvalo (para expertos)

experto = que tiene gran experiencia o habilidad en una actividad.

- **Ordena las letras que figuran alrededor para formar el título de una película de dos palabras.**

Dados a medias

Traslada una de las letras de cada dado a la cara superior para formar el título de una película, quedando otra película en reserva. La estrella es John Wayne.

Mía Pasatiempos. n. 1, s/f. p. 4.

LECCIÓN 1

leer

1 Observa la viñeta y marca V para verdadero y F para falso:

En: <http://lacomunidad.cadenaser.com>.
Fecha de consulta: 18 febrero 2011.

a) El señor de gafas de sol le parece familiar al otro señor. ( )
b) El señor de camisa azul no sabe de dónde conoce al otro señor. ( )
c) Según la viñeta, los dos señores suelen ir al cine. ( )
d) Los dos señores emplean la palabra "cine" con el mismo sentido en la viñeta. ( )
e) El señor de gafas de sol es un actor o director de cine. ( )
f) El señor de camisa azul piensa que va a un cine diferente del que frecuenta el señor de gafas de sol. ( )
g) El señor de gafas de sol piensa que es famoso. ( )

hablar

2 Contesta y comenta con tus compañeros/as:

Penélope Cruz, actriz española.

Gael García Bernal, actor mexicano.

Antonio Banderas, actor español.

Salma Hayeck, actriz mexicana.

cartelera = sección de los periódicos donde se anuncian las funciones de las películas y otros espectáculos.

a) ¿Te gusta ir al cine? ¿Por qué?
b) ¿Vas al cine a menudo? ¿Por qué?
c) ¿Crees que reconocerías a algún actor/actriz famoso/a si lo/la encontraras en la calle?
d) Eliges las películas que quieres ver:
- por indicación de amigos/as.
- después de ver la propaganda sobre ellas en la tele.
- buscando información en periódicos o revistas.
- por *internet*, en la cartelera de periódicos y otros sitios en línea.

leer

en cartel = en portugués, *em cartaz*.

3 Observa con atención esta página y apunta la opción correcta:

PELÍCULAS EN CARTEL

» Amor de madres
» Anonyma: una mujer en Berlín
» Baarìa: las puertas del viento
» Buen día, día
» Che: un hombre nuevo
» Conocerás al hombre de tus sueños
» Cosa voglio di piú
» De amor y otras adicciones
» El avispón verde
» El avispón verde 3D
» El encanto del erizo
» El ilusionista
» El inmortal
» El origen
» El oso Yogi
» El oso Yogi 3D
» El retrato de Dorian Gray
» Enredados
» Enredados 3D
» Harry Potter y las reliquias de la muerte: parte 1
» Igualita a mí
» Imparable
» La casa muda
» La epidemia
» La mentira
» La vieja de atrás
» Las aventuras de Sammy: en busca del pasaje secreto 3D
» Las crónicas de Narnia: la travesía del viajero del alba
» Las crónicas de Narnia: la travesía del viajero del alba 3D
» Lazos de sangre
» Lluvia
» Los bastardos
» Los pequeños Focker
» Los santos sucios
» Los viajes de Gulliver
» Los viajes de Gulliver 3D
» Más allá de la vida
» Miss Tacuarembó
» Red
» Shrek para siempre 3D
» Sudor frío
» Tres monos
» Tron: el legado
» Tron: el legado 3D
» Une affaire d´amour
» Villa Amalia
» Volver al futuro
» Wendy and Lucy

Una familia siciliana es representada a través de tres generaciones: desde Cicco a su hijo Peppino, llegando hasta su nieto Pietro. Con un leve toque a la vida privada de estos personajes y la de sus familias, se evoca los amores, los sueños y las decepciones de toda una comunidad en la provincia de Palermo desde 1930 hasta 1980, el período fascista.

partidario de la doctrina del fascismo, movimiento político y social de carácter totalitario que se produjo en Italia, después de la 1ª Guerra Mundial, por iniciativa de Benito Mussolini.

Título original: *Baarìa: la porta del vento.*
Duración: 144 minutos.
Clasificación: Apta para mayores de 13 años.
Género: Drama.
Trailer: <http://www.tripictures.com/baaria/baaria.html>.
Estreno: 06 enero 2011.
Actores: Francesco Scianna, Margareth Madè, Raoul Bova, Ángela Molina, Enrico Lo Verso y Marcello Mazzarella.
Director: Giuseppe Peppuccio Tornatore.
Director de fotografía: Enrico Lucidi.
Guionista: Giuseppe Peppuccio Tornatore.
Montaje: Massimo Quaglia.
Música: Ennio Morricone.

Baarìa: las puertas del viento

FUNCIONES PARA ESTA PELÍCULA

Belgrano Arteplex Belgrano Horarios: consultar (teléfono/*internet*)	Centro Premier Horarios: consultar (teléfono/*internet*)

En: <http://www.lanacion.com.ar>. Fecha de consulta: 16 febrero 2011.

a) Se trata de una página de la cartelera de cine de:

( ) un periódico en línea.
( ) un periódico en papel.
( ) una revista.

b) Las películas que conforman la lista:

( ) todavía no pueden ser vistas en los cines.
( ) corresponden a la lista de las mejores películas del 2011.
( ) ya pueden ser vistas en los cines.

c) En la lista de películas:

( ) solo hay películas en español.
( ) todas las películas son del mismo género.
( ) hay películas cuyo nombre no está en español.

d) En esta página hay:

( ) un resumen y otras informaciones sobre dos películas que no están en cartel.
( ) un resumen y otras informaciones sobre una película que está en cartel.
( ) una crítica y otras informaciones sobre dos películas que están en cartel.

- **Completa el cuadro con informaciones sobre la película descrita en la cartelera:**

Baaría ....: las puertas del viento

Clasificación .: ____________________

Género ....: ____________________

Estreno.........: ____________________

Director ....: ____________________

Cine/s..........: ____________________

Horarios........: ____________________

tip

Cartelera
Sección de periódicos, agendas culturales, revistas, etc. en la que se anuncian las funciones de las películas y otros espectáculos.

¡Diviértete!

1 **En esta sopa de letras figuran los nombres de siete géneros cinematográficos, además del género del ejercicio anterior. Encuéntralos:**

M	R	Z	C	G	K	M	J	A	W	S	Y	V	B	M	B	W	A
M	T	R	N	S	N	B	K	V	Y	P	P	S	D	B	J	C	V
D	C	I	E	N	C	I	A	F	I	C	C	I	Ó	N	P	N	E
Q	Z	N	N	D	S	M	I	U	Y	K	R	O	L	E	I	Z	N
W	W	B	R	H	R	Z	W	G	S	A	C	H	B	D	L	R	T
Q	C	A	R	E	P	J	Q	Y	E	A	O	J	V	A	Z	N	U
E	M	Z	K	A	A	R	R	A	Í	O	X	S	O	N	F	T	R
A	S	Q	L	I	T	A	D	C	M	I	N	C	H	I	R	R	A
Q	N	R	D	R	I	Q	I	O	R	Q	F	J	R	M	U	H	S
J	I	M	D	D	B	L	D	O	J	W	S	W	F	A	F	Z	M
W	R	C	E	K	O	I	G	B	Z	U	T	Q	A	C	C	H	U
J	Q	M	D	P	W	U	E	Z	J	N	W	B	K	I	B	G	J
N	O	D	A	A	C	C	I	Ó	N	Q	N	J	W	Ó	P	I	R
C	I	Z	R	K	H	L	U	Y	O	Q	S	S	Q	N	B	G	N
D	Q	O	J	A	C	N	A	E	S	N	E	P	S	U	S	T	A

2 **Entre los géneros de la sopa de letras, falta uno, apreciado por mucha gente en la actualidad. ¿De qué género se trata?**

____

escuchar banda 17

3 **¿Qué género/s prefieren los/as chicos/as? Escúchalos/as y completa:**

Hoy solo ponen dos tipos de películas.

Tenemos que elegir: ____________________.
No importa cuál nos gusta.

Prefiero las pelis de __________, pero sé que algunas son poco creativas.

A mí me gustan las __________________ y

las __________________________.

Pues a mí no me gusta ninguno de esos

géneros, sino el ______________________.

- **Y tú, ¿qué género prefieres?**

____

GRAMÁTICA ¡ENTÉRATE!

Los conectores *pero, sino, y, ni* y *o*

Observa el diálogo:

La palabra destacada en negrita se denomina **conector**. Con el uso de los conectores, el/la hablante expresa de manera más clara sus ideas.

Observa el uso y los valores de los conectores:

Conectores	Información explicitada por el conector	Ejemplos
PERO	Contradicción o restricción a la primera oración.	*Prefiero las pelis de terror,* ***pero*** *sé que algunas son poco creativas.*
SINO	Corrección o redefinición de informaciones o hipótesis de la primera oración.	*Pues a mí no me gusta ninguno de esos géneros,* ***sino*** *el drama.*
Y	Adición de una información nueva de igual valor que la de la primera oración.	*A mí me gustan las comedias* ***y*** *las aventuras.*
NI	Adición de una información nueva de igual valor que la de la primera oración que es negativa.	*No quiero ir al cine* ***ni*** *al teatro.*
O	Elección entre dos cosas, mostrando que solo una es posible.	*Hoy solo ponen dos tipos de películas. Tenemos que elegir: suspense* ***o*** *ciencia ficción.*

Recuerda:

- El conector **ni** solo se emplea cuando la oración anterior está en la negativa:

  No *quiero ir al cine* ***ni*** *al teatro.*

- El conector **y** se reemplaza por **e** delante de palabras que empiezan por **i** o **hi**, seguidas de consonantes:

  Estudio español e ***i****taliano.*

  El agua sirve para mantener el equilibrio del cuerpo ***e hi****dratar la piel.*

  Nuestro país exporta plomo ***y hi****erro.*

  (se mantiene la ***y*** *porque en la palabra* ***hierro*** *la* ***hi*** *está seguida de una vocal)*

- El conector **o** se reemplaza por **u** delante de palabras que empiezan por **o** o **ho**:

  ¿Prefieres que te compre un anillo de plata ***u o****ro?*

  Aquella camisa, no sé si es fea ***u ho****rrorosa.*

escribir

1 Elige uno de los conectores para completar las oraciones:

pero   y   sino   o   si

a) Mamá me llevó a la playa ____________ no me gustó.

b) Mi novio no me dice la verdad ____________ eso no me gusta.

c) Tendremos que elegir: ____________ vamos a la playa ____________ al campo.

d) No queremos aburrirnos en el campo, ____________ disfrutar de lo que nos ofrece la ciudad.

e) ____________ nos gusta un lugar, volvemos todas las vacaciones.

2 Completa estas oraciones con pero, sino, y/e **y** o/u:

a) Mi abuela tiene un jardín con muchos árboles ____________ hierba.

b) Ana fue al cine ____________ al teatro este fin de semana.

c) La prueba de Español no será hoy, ____________ mañana.

d) No quiero quedarme en casa el sábado, ____________ tengo que estudiar.

e) María ____________ Isabel estudian en la misma sala.

f) No estoy seguro de si mi padre va a llegar a las 7 ____________ 8 de la noche.

g) No me gusta la comedia, ____________ el drama.

h) Decídete: ¿vienes conmigo ____________ te quedas?

i) Te expliqué el tema, ____________ parece que no lo entendiste.

escuchar

banda 18

3 Escucha la sinopsis de otra película y rellena los huecos:

Las crónicas de Narnia: la travesía del viajero del Alba

Lucy y Edmund visitan el ____________ de un pariente que vive cerca de Cambridge, alrededor de 1943. Allí tienen que ____________ con su primo Eustace, hasta que los tres se topan con una pintura de El viajero del Alba, un majestuoso ____________ de vela cuya apariencia fue inspirada por ____________. El lienzo repentina e inexplicablemente cobra ____________, inundando la sala y sumergiéndolos antes de transportarlos al ____________ este de Narnia, donde son rescatados por el Rey Caspian y su ____________ a bordo de El viajero del Alba. El trío pronto se entera que Caspian se dirige al este para encontrar a los siete Lores de Telmar perdidos: los mejores ____________ de su padre, quien fue asesinado.

En: <http://www.lanacion.com.ar>. Fecha de consulta: 16 febrero 2011.

lidiar = batallar, pelear.

se topan = se encuentram casualmente.

buque = barco con cubierta adecuado para navegaciones marítimas de importancia.

rescatados = recobrados por precio o por fuerza de un enemigo.

Las crónicas de Narnia

Las crónicas de Narnia es una serie de siete libros infantiles escrita entre 1949 y 1954 por el anglo-irlandés C. S. Lewis. Algunos de los libros de la serie han sido adaptados al cine.

Narnia es una tierra de fantasía y magia en la que viven animales que pueden hablar y seres mitológicos. La serie es una mezcla de mitología romana, griega, temas cristianos y cuentos de hadas. Los protagonistas de la serie son Aslan, un león legendario creador de Narnia, y los hermanos Lucy, Edmund, Peter y Susan.

tip **Sinopsis**

Es un género de texto en el que se resume un libro, una obra teatral o cinematográfica.

En la sinopsis:

- *se enumeran los aspectos más importantes de la obra;*
- *se plantea el tema y se da informaciones sobre su desarrollo;*
- *no se incluyen detalles acerca del desenlace de la historia para mantener un cierto suspense y provocar la curiosidad del/de la lector/a;*
- *el texto tiene que ser corto para que el/la lector/a pueda leerlo rápidamente.*

Puede venir acompañada de elementos visuales, como fotos de la película.

Para escribir una buena sinopsis, se debe:

- *emplear la estructura* ***introducción-cuerpo del relato-conclusión*** *para relatar los sucesos;*
- *observar la correcta división del texto en párrafos;*
- *indicar las conexiones entre las partes del relato a través del uso de los conectores necesarios (sino, pero, y, porque, etc.);*
- *contar los sucesos en el mismo orden cronológico en el que se presentan en la obra original;*
- *la historia suele contarse con los verbos en presente de indicativo. A ese uso del presente se le da el nombre de* ***presente histórico****. Tiene un valor retrospectivo; o sea, se emplea para referir acciones que sucedieron en el pasado con el objetivo de actualizarlas y de presentarlas con mayor realidad.*

4 Sigue las orientaciones del *tip* y escribe la sinopsis de una de tus películas favoritas. No se la muestres a ninguno/a de tus compañeros/as, vas a necesitarla para hacer la próxima actividad.

¡Comunícate!

- **Observa el diálogo:**

10 **¡Vamos al cine!**
Para el tema ***Práctica de gustar y apetecer***, accede y explora este recurso digital.

PARA PROPONER QUE ALGUIEN ADIVINE/RECUERDE ALGO
¿A qué no sabes...?
¿Recuerdas...?
A ver si adivinas qué... es.

a) Retoma la sinopsis que has escrito en el ejercicio anterior y rellena esta ficha con otros datos de la película. No escribas el título, tampoco se lo digas a nadie.

Actriz principal: ______________________

Actor principal: ______________________

Género: ______________________

Resumen: ______________________

____

Por qué la recomiendas: ______________________

____

____

b) Lee tu ficha y la sinopsis del ejercicio 4 a tus compañeros/as y, usando las expresiones del ¡Comunícate!. Lánzales un desafío: ¿Quién recuerda el título de la película?

LECCIÓN 2

escuchar banda 19

taquilleras = que proporcionan buenas recaudaciones a una empresa.

atinas = acertas.

peliculón = película muy buena o, al contrario, muy aburrida y larga.

1 **¿Cuáles son las diez películas más taquilleras de la historia del cine? Escucha y apunta sus nombres:**

http://www.10puntos.com/

¿A qué no atinas cuáles han sido las películas más vistas de la historia? Un poquito difícil, ¿verdad? Pues bueno, hoy me levanté y me puse a investigar eso, entonces me topo con este *Top* 10 de **Cosasdelcine.es**, así que les hago de conocimiento las 10 películas más vistas de la historia.

1. *Titanic*: Por supuesto, peliculón. Me pregunto si a estas alturas, alguien no la ha visto.
2. *El señor de los anillos: el retorno del rey*: El fin de la trilogía de el señor de los anillos, muy buena película, la verdad.

3. *Piratas del Caribe 2: el cofre del hombre muerto*: Y si de grandes películas hablamos, tenemos que hablar de los *Piratas del Caribe*.
4. *Harry Potter y la piedra filosofal*: ¿Que si cuántas películas de Harry Potter van? No lo sé, algunos científicos afirman que 8, es imposible averiguarlo ☺. Pero sin lugar a dudas, la más vista ha sido la primera.

5. *El señor de los anillos: las dos torres*: Sí señor, otra de *El Señor de los anillos* en el quinto puesto.
6. *La guerra de las galaxias. Episodio 1: la amenaza fantasma*: Nunca la vi.
7. *Jurassic park*: Así es, la película más famosa de dinosaurios también se convierte en una de las más vistas de la historia, y es que en 1993 lo que se consiguió con esta película fue increíble.
8. *Shrek 2*: a mí, en lo personal, me encanta, y no me extraña que esté entre este *top* 10.
9. *Harry Potter y el cáliz de fuego*: en el penúltimo puesto, de nuevo aparece Harry con sus aventuras.
10. *Harry Potter y la cámara secreta*: Y qué decir del 10. Interesante, ¿no?

En: <http://www.10puntos.com>. Fecha de consulta: 18 febrero 2011.

- **Contesta:**

	SÍ	NO
a) ¿Todas las películas de la lista son del mismo género?		
b) ¿Al autor del *blog*, todas las películas citadas le gustan en igual medida?		
c) ¿Hay dos películas cuya secuencia también está en la lista?		
d) Entre las películas citadas, ¿hay una animación?		
e) ¿El autor del *blog* ha visto todas las películas de la lista?		

¡Comunícate!

1 Observa:

OPINAR VALORANDO

Es una película súper...

Es una película de lo más...

Es una película muy...

Es una película demasiado...

Es una película requete...

aburrida, asquerosa, larga, ligera, maravillosa, crítica, dura, creativa, ridícula, realista, comercial, sensible, seria, infantil, profunda, violenta, tierna, divertida, catastrófica, romántica

requete = prefijo que indica intensificación. Se usa antes de adjetivos o adverbios para reforzar el valor superlativo. Ejemplo: requeteguapo/a, requetebién, etc.

- **¿Qué opinas de las películas más taquilleras de la historia del cine? Usando las expresiones del ¡Comunícate!, opina sobre ellas.**

____

____

leer

2 **Lee la reseña y haz lo que se te pide:**

http://www.dvdenlinea.com/

El laberinto del fauno

Título original: *El laberinto del fauno*
Clasificación: B-15
OAR: 1.85:1
Año de estreno: 2006
Fecha de reseña: 14 de diciembre de 2006

Recién tuve la oportunidad de ver la más reciente producción del mexicano Guillermo del Toro: *El laberinto del fauno* (...).

Esta historia se lleva a cabo en España en 1944, cuando recién Francisco Franco toma el poder, y hay muchas guerrillas escondidas en las montañas; Ofelia (Ivana Baquero) es una niña de 12 años cuya fascinación es la lectura de cuentos de hadas; ella y su mamá Carmen (Adriana Gil) van rumbo a donde vive el esposo de esta última, el Capitán Vidal (Sergi López), el cual tiene a su custodia cuidar y eliminar a cuanto rebelde se ponga a su paso (dicho sea de paso, es un individuo bastante patancito). La mamá de Ofelia está a punto de dar a luz al hijo que procrearon el capitán y ella, y por solicitud del capitán (y a contraorden del médico), quiere que Carmen dé a luz en donde él se encuentra.

El laberinto del fauno es una de las mejores películas que he visto en varios meses porque la historia te mantiene interesado de principio a fin, además de que las actuaciones son estupendas, e incluso los efectos especiales son de primer nivel, definitivamente (hasta ahora) es la obra maestra de Del Toro (...).

Es una pena que Memo del Toro sea más reconocido (y financiado) en España que en su tierra natal, y es una pena para México. (...) es una pena, si esta película se hubiera "hecho en México" hubiera sido un *parteaguas* muy importante para la casi mediocre (salvo excepciones, claro) industria cinematográfica mexicana.

¡Felicidades a Del Toro por la genial obra, a los actores y productores españoles que le dieron vida (y a Alfonso Cuarón por creer en su amigo), y a Warner Brothers por traérnosla a México!

guerrillas: grupo de paisanos al mando de un jefe que acosa y molesta al enemigo.

custodia: ______________________

patancito: hombre tosco, bruto.

parteaguas: ______________________

En: <http://www.dvdenlinea.com>. Fecha de consulta: 20 febrero 2011.

Guillermo del Toro

Guillermo del Toro (1964 – México) es director de cine. Su interés por el cine empezó en la adolescencia y rodó su primera película, *Cronos*, en 1992. Su película *El laberinto del fauno* (2006) ha sido indicada, en 2007, a 6 galardones del Óscar, incluido el de mejor película extranjera. Ha logrado los premios de mejor maquillaje, dirección artística y fotografía.

tip

Reseña

Escrito informativo sobre una obra (literaria, científica, cinematográfica, etc.) acompañado de un análisis o de un comentario crítico.

*El texto del ejercicio 2, pág. 158, es una **reseña**. Podemos hacer reseñas de todo tipo de obra: cinematográfica, teatral, literaria, etc. También se escriben reseñas para revistas y periódicos. Para hacerlas tienes que:*

*a) primero, **escribir un resumen** de la obra;*
*b) luego, añadir al resumen la **crítica**, tu opinión personal sobre la obra;*
c) por fin, repasar todo el texto, observando si has logrado reunir en la reseña, de manera equilibrada, tanto las informaciones objetivas como tu opinión personal sobre la obra.

- **Contesta:**

a) ¿Cuál es el título de la película?

____

b) ¿Cuándo y dónde se lleva a cabo la historia de la película?

____

c) ¿Quién es y cómo es la protagonista de la película?

____

d) ¿A dónde van Ofelia y su mamá?

____

e) ¿Por qué el médico le había prohibido a la madre de Ofelia viajar?

____

f) ¿Cuándo estrenó la película?

____

g) ¿Cómo se llaman algunos de los actores que participaron en la película?

____

h) ¿A qué género crees que pertenece la película?

____

i) ¿Cómo se llama el director y cuál es su nacionalidad?

____

j) Según el crítico, ¿la película es buena? ¿Por qué?

____

____

k) ¿La película ha sido rodada en México?

____

3 Identifica y colorea en la reseña, de la página 160, con:

- amarillo, la parte del texto que corresponde al resumen de la película.
- azul, la parte del texto que corresponde a la opinión/los comentarios del crítico sobre la película.

España (1944)

En el año 1944, España vivía bajo la dictadura militar de Francisco Franco, después de haber pasado por una guerra civil (1936-1939). Todavía persistían algunos grupos rebeldes y contrarios al gobierno de Franco que se escondían en las montañas y campos, las guerrillas, y que atacaban y eran perseguidos por el ejército.

Dolor de España, *de Wifredo Lam, artista cubano.*

GRAMÁTICA ¡ENTÉRATE!

Los conectores *si* y *porque*

Observa el diálogo y recuerda:

Como ya habíamos visto en unidades anteriores de la colección, los conectores **si** y **porque** tienen la siguiente función en las oraciones:

Conector	Información explicitada por el conector
PORQUE	**Explicación** sobre la causa de lo que dice el hablante en la primera oración.
SI	Introduce una **condición** para que se realice lo que dice el hablante en la otra oración.

¡Ojo! Recuerda que el conector **si** puede ir acompañado de verbos en modos y tiempos distintos.

Si vamos al cine, quiero ver la película *Volver*.	SI + verbos en presente de indicativo	Expresa una condición posible de realizarse en el futuro.
Si fuéramos al cine, veríamos la película *Volver*.	SI + verbos en pretérito imperfecto de subjuntivo	Expresa una condición irreal en el presente o improbable en el futuro.

escribir

1 Lee estas oraciones y comprueba si están correctos los conectores subrayados y luego, si es necesario, corrígelos:

a) No fuimos a la playa esta tarde si hacía frío.
b) Solo pudimos viajar porque teníamos compañía.
c) Llegaríamos a la cumbre de la montaña muy cansados si tuviéramos que llevar mucho equipo para escalar.
d) Te daría todo mi dinero porque lo tuviera.
e) Si comemos antes de acostarnos, nos sentimos mal.

2 Completa las oraciones con porque **o** si**:**

a) Iría a París __________ tuviera amigos en esa ciudad.
b) No puede comer chocolate __________ está a dieta.
c) Habló muy poco __________ no sabe nada sobre el asunto.
d) __________ nos gusta un lugar, volvemos todas las vacaciones.
e) __________ no fuera a la fiesta, estudiaría toda la tarde __________ tengo prueba de Matemáticas.

3 **Usando los conectores vistos en esta unidad,** porque**,** pero**,** sino**,** y/e**,** o/u **y** si**, une las oraciones simples como en el modelo:**

Entrega a Carla el paquete que está sobre la mesa. Ella lo necesita.

*Entrega a Carla el paquete que está sobre la mesa **porque** lo necesita.*

a) Fuimos al cine.
Comimos muchas palomitas.

____

b) Estoy muy ocupada.
Intentaré ayudarte en la tarea.

____

c) ¿Comemos fuera?
¿Comemos en casa?

____

d) ¿Sigues peleándote con tus padres?
¿Obedeces sus órdenes?

____

e) Mi mamá me regaló un bolso nuevo.
Perdí el mío la semana pasada.

____

f) Viviría en el campo.
Pudiera venir los fines de semana a la ciudad.

____

experto = hábil, experimentado.

g) No quiero este abrigo negro.
Quiero aquel azul oscuro del escaparate.

____

codiciado = deseado con ansia, ardor.

h) Compré los libros de español.
Intenté comprar el diccionario de inglés.

____

4 **Completa el resumen con los conectores adecuados:**

El origen

Dom Cobb no es solo un ladrón experto, __________ el mejor en el peligroso arte de la extracción: robar los valiosos secretos desde lo más profundo del subconsciente cuando la mente está en su punto más vulnerable. Esta habilidad lo ha convertido en un hombre codiciado en el

redimirse = poner fin a algún dolor, vejamen, penuria, adversidad o molestia.

mundo del espionaje corporativo, __________ también lo ha transformado en un fugitivo internacional. Ahora a Cobb se le ofrece la oportunidad de redimirse _____ un último trabajo podría devolverle la vida __________ solo _____ es capaz de alcanzar lo imposible.

En: <http://www.lanacion.com.ar>. Fecha de consulta: 16 febrero 2011.

escribir

5 **Usando las informaciones sobre reseña, de la página 162, y de la Gramática: ¡Entérate!, elabora una reseña sobre una película que te gustó o sobre una película que no te gustó.**

6 **En el colegio Colón, se está haciendo una experiencia diferente con los/as alumnos/as del 9º año. Observa el programa que han divulgado esta semana:**

¡El cine también es cultura!
Si quieres aprender disfrutando, ven a las clases complementarias por la tarde.

Fecha	Película	Horario	Asignatura
lunes	*Parque Jurásico*: experiencias con el ADN permiten crear un ejército de dinosaurios.	14.00 h	__________

martes	*Shakespeare enamorado*: la vida y la obra de un gran escritor.	15.00 h	____________
miércoles	*El príncipe de Egipto*: en la época de los faraones, en el Antiguo Egipto, Moisés lidera a los hebreos en su escapada.	14.00 h	____________
jueves	*Matrix*: se discute la libertad, lo único que de verdad tiene sentido en la vida.	14.00 h	____________
viernes	*Misión imposible*: con sus conocimientos de informática, Tom Cruise enfrenta a una red de espías.	15.00 h	____________
sábado	*Cube*: los protagonistas huyen de una cárcel geométrica con la ayuda de muchos cálculos.	15.00 h	____________

a) ¿A qué asignatura corresponde cada una de las películas de la clase complementaria? Elige entre estas opciones y completa el programa:

Educación Artística · Historia · Educación Física · Matemáticas · Filosofía · Literatura · Música · Biología · Informática · Geografía

escuchar banda 20

b) Escucha y comprueba tus respuestas.

escribir

7 Sugiere una película para una clase complementaria de dos de las cuatro asignaturas que no se contemplan en el programa del colegio Colón y explica brevemente los motivos de tu elección:

a) Asignatura: ____________________________
Película sugerida: ____________________________
Elegí esta película porque ____________________________

b) Asignatura: ____________________________
Película sugerida: ____________________________
Elegí esta película porque ____________________________

8 **En grupos. Organicen un programa con una semana de clases complementarias para el 9º de su colegio:**

Fecha	Nombre de la película / reseña	Horario	Asignatura
lunes			
martes			
miércoles			
jueves			
viernes			
sábado			

¡Diviértete!

- **Vamos a jugar a la mímica. Formen grupos y sigan las orientaciones:**
  a) elijan una película conocida o de la actualidad.
  b) decidan quién va a hacer la mímica para que los otros grupos adivinen el nombre de la película.
  c) dentro del tiempo determinado por el/la profesor/a, presenten la mímica a los otros grupos; no vale decir ni una palabra.
  d) marca punto el grupo que logre, dentro del tiempo establecido, que otro adivine el nombre de la película que haya representado.

taller de creación 4

JUEGO DE ROLES: ¿AL CINE O AL CONCIERTO?

El objetivo del taller es organizar un **juego de roles**: representación de una situación —hecho o problema— que puede posibilitar un debate (análisis y reflexión) y, posteriormente, el desarrollo de otra dramatización. Para este juego, sugerimos que se explote la pregunta:

¿Adónde vamos: al cine o a un concierto de música?

Instrucciones:

a) Organizar grupos de 3 o 4 alumnos/as.

b) Cada grupo improvizará una situación de la vida real en la que diferentes grupos sociales (familia, amigos, novios, colegas de clase, profesor/a y alumnos/as) tendrán que decidir qué hacer para divertirse un día: "ir al cine o a un concierto y qué película o cantante / grupo musical verán".

c) Se hará un sorteo entre los equipos para establecer qué grupo social irán representar.

d) Después de que a cada equipo le haya tocado el grupo social que va a representar, los componentes definirán qué papel (padre, madre, hijo/a, amigo/a, etc.) cada uno/a incorporará.

e) Luego, el grupo improvisará su presentación como máximo en 15 minutos.

Actividades posteriores:

a) **El debate:** después de las escenificaciones, se puede analizar las diferentes situaciones; esto es, evaluar las ideas, los sentimientos, las actitudes y soluciones que aparecieron a lo largo de cada dramatización. Si fueron positivas, acertadas, contentaron a todos/as componentes del grupo social, hubo polidez, etc.

b) **Segunda dramatización:** los grupos volverán a representar los grupos sociales previamente establecidos, teniendo en cuenta el análisis de las situaciones discutidas en el debate.

APÉNDICE

EJERCICIOS COMPLEMENTARIOS DE COMPRENSIÓN AUDITIVA

1 ¿Qué hace un historiador? Marca las ideas que corresponden al texto.

a) Es solamente un especialista sobre los grupos humanos en el tiempo. ( )
b) Es un especialista en grupos humanos a lo largo del tiempo; esto es, los investiga, analiza, interpreta y también difunde su devenir. ( )
c) Conoce también fechas relevantes, pero no es la memorización lo más importante en su labor. ( )
d) Es un especialista que solo revisa documentos antiguos. ( )
e) Su trabajo es simplemente curioso y lo hace por pasatiempo también. ( )
f) Reconstruye e interpreta procesos pasados y los revela a la comunidad por medios diferentes como textos o material audiovisual, por ejemplo. ( )
g) Su labor ayuda al desarrollo de una conciencia histórica y colabora para que se mantenga viva la memoria colectiva. ( )

- **Escucha el texto, completa los huecos y comprueba tus respuestas del ejercicio anterior:**

¿Qué hace un historiador?

Un historiador investiga, ______________, interpreta y difunde el devenir de los grupos humanos en el tiempo. Aunque ______________ conocer fechas relevantes, su labor está enfocada al ______________ de procesos históricos y no a la memorización de ______________, de tal forma que no es el especialista que solo revisa ______________ antiguos por pura curiosidad o pasatiempo, sino un ______________ con una postura crítica ante problemas de ______________ histórica de una región, localidad o país, de tal forma que está capacitado para reconstruir e interpretar procesos pretéritos y darlos a conocer ______________ diversos medios como pueden ser textos o material ______________ entre otros y contribuir así al desarrollo de una ______________ histórica que mantenga viva la memoria ______________.

En: <http://www.uaslp.mx>. Fecha de consulta: 8 marzo 2011.

2 **Tacha la opción incorrecta:**

a) Boby cumplió MUCHOS/OCHO años.
b) El narrador es TÍA/TÍO de Boby.
c) Boby tuvo BUEN/MAL aprovechamiento en la escuela.
d) Boby pudo invitar a sus PARIENTES/AMIGOS para la fiesta.
e) Boby y sus invitados jugaron en el patio hasta LAS OCHO/ LA NOCHE.
f) A la hora de la naranjada y de la torta con velitas todos estaban ATENTOS/CONTENTOS.
g) La tía de Boby lo vigilaba TODO EL TIEMPO/PERDIENDO TIEMPO.

escuchar
banda 22

a) Escucha el fragmento del cuento **En nombre de Boby**, de Julio Cortázar, completa los vacíos y luego confirma tus respuestas del ejercicio anterior:

En nombre de Boby

Ayer cumplió los ocho años, ________________ una linda fiesta y Boby estuvo contento con el tren a cuerda, la pelota de fútbol y la torta con velitas. Mi hermana ________________ miedo de que justamente esos días viniera con malas notas de la escuela pero ________________ al revés, mejoró en aritmética y en lectura y no había motivo para suprimirle los juguetes, al contrario. Le ________________ que invitara a sus amigos y trajo al Beto y a Juanita; también ________________ Mario Panzani pero se quedó poco porque el padre ________________ enfermo. Mi hermana los dejó jugar en el patio hasta la noche y Boby ________________ la pelota, aunque las dos teníamos miedo de que nos rompieran las plantas con el entusiasmo. Cuando ________________ la hora de la naranjada y la torta con velitas le cantamos al coro el "apio verde" y ________________ mucho porque todo el mundo estaba contento, sobre todo Boby y mi hermana; yo, claro, no ________________ de vigilar a Boby y eso que me ________________ estar perdiendo el tiempo, vigilando qué si no había nada que vigilar; pero lo mismo ________________ a Boby cuando él estaba distraído, ________________ esa mirada que mi hermana no parece advertir y que ________________ tanto daño. (...)

CORTÁZAR, Julio . "En nombre de Boby". En: *Cuentos completos 2*. 4 ed. Buenos Aires: Alfaguara, 1994. p. 148.

escuchar banda 23

b) Escucha y señala la secuencia que entonan al/a la cumpleañero/a a la hora de soplar las velitas:

( )

Apio verde a ti

Apio verde a ti.
Apio verde a ti.
Apio verde a
[nombre],
Apio verde a ti.

(Versión de Argentina)

( )

Cumpleaños feliz

Cumpleaños feliz,
cumpleaños feliz,
cumpleaños,
cumpleaños,
cumpleaños feliz.

De la vela la luz,
solo anhelo decir
que tu cumplas
[nombre]
muchos años feliz!

Que repartan el cake y
los helados también
que repartan el cake y
los helados también.

(Versión de Panamá)

( )

Cumpleaños feliz

Cumpleaños feliz
te deseamos a ti
cumpleaños [nombre
del/de la agasajado/a]
cumpleaños feliz.

Que los cumpla feliz,
que los vuelva a
cumplir,
que los siga
cumpliendo,
hasta el año 3000.

(Versión de Colombia)

( )

Las mañanitas

Estas son las
mañanitas que
cantaba el rey David.
Hoy por ser día de tu
santo te las cantamos
a ti.
Despierta mi bien,
despierta.
Mira que ya amaneció.
Ya los pajaritos cantan.
La luna ya se metió.

(Fragmento de la versión de México)

escuchar banda 24

3 Escucha y contesta:

a) ¿Quiénes llegan una buena mañana?

____

b) ¿Qué hacen primero los recién llegados?

____

c) ¿Dónde aterrizan?

____

d) ¿Quién va a recepcionarlos?

____

e) ¿Cuántos marcianos hay?

____

f) ¿Cómo son?

____

g) ¿Qué llevan vestidos?

____

Apio verde

La canción *Apio verde* es una reacción crítica a la tradicional *Cumpleaños feliz* adaptada del inglés *Happy birthday*.

h) ¿Por qué sale de la cabeza de un marciano una nubecita?

____

- **Completa los vacíos con lo que vas a oír. Después confirma tus respuestas del ejercicio anterior.**

¡Clonc! ¡Scrash!
Llegan los marcianos

Una buena mañana ______________ los marcianos. Primero ______________ sobre Roma con sus platillos de plata, ______________, en señal de amistad, una docena de madrigales (...). Cuando ______________ que ya ______________ una festiva acogida, ______________ en el Circo Máximo, donde ______________ más sitio que en la Plaza de España y a donde ______________ en seguida el subjefe de policía Fiorillo, al mando de siete mil camionetas.

Los platillos ______________ tres. Y tres marcianos ______________ la cabeza por las cupulitas. ______________ de un precioso verde primavera y ______________ antenas en la frente, exactamente igual que la gente ______________. Pero no es cierto que ______________ bajitos: al contrario, miden tres metros y medio de alto. ______________ túnicas amarillas, adornadas con bordados folklóricos bastante parecidos a los que ______________ en Calabria el siglo pasado. Rarezas del cosmos. Uno de los marcianos, al parecer, ______________ la cabeza en la tapa de la cúpula. De inmediato ______________ de su cabeza una nubecita con la inscripción: "¡Clonc!".

(...)

RODARI, Gianni. *Cuentos escritos a máquina*.
Madrid: Alfaguara, 1993. p. 151.

escuchar
banda 25

4 **Escucha el texto y elige** F **para falso y** V **para verdadero:**

AFIRMACIONES	F/V
a) Manuela es ama de casa.	
b) Manuela solo compra corcho blanco.	
c) Los productos envasados en corcho blanco no ofrecen ventajas en cuanto a la presentación y facilidad.	
d) A la familia del narrador le pasó un episodio que tuvo que ver con los envases de corcho blanco.	
e) El incidente no costó un digusto peor a la familia.	
f) El hecho provocó un dramático incendio.	
g) La familia no pudo impedir el incendio a tiempo.	
h) El incendio descompuso los muebles de la casa.	
i) El humo intoxicó parcialmente a las personas de la familia.	

- **Escucha el texto una vez más y complétalo. Luego, chequea tus respuestas del ejercicio anterior:**

Mi tía Manuela

Manuela es mi tía ________ vive ________ Granada. Como ________ muchas otras amas ________ casa, cuando va ________ mercado le gusta comprar todo ________ bandejitas ________ corcho blanco, ________ le resulta más cómodo ________ mejor presentado. Más ________ una vez ha llenado bolsas enteras solo ________ ellas.

________ una ocasión ocurrió un pequeño incidente, relacionado ________ estos envases, que pudo costar un disgusto ________ la familia. Mi tío Juan, que es fumador tiene la costumbre ________ tirar las colillas ________ la basura, ________ sucedió que una ________ estas colillas, ________ encendida, vino ________ caer ________ la bolsa ________ las mencionadas bandejas, lo que provocó un pequeño ________ aparatoso incendio, ________ gran cantidad ________ humo.

Afortunadamente lo observaron ________ tiempo ________ pudieron atajarlo, ________ no antes ________ estropear los muebles ________ la cocina ________ medio intoxicarse ________ los gases ________ la combustión.

En: <http://www.manueljodar.com>. Fecha de consulta: 8 marzo 2011.

escuchar
banda 26

5 Elige la alternativa correcta:

a) El texto se refiere al:

( ) Monumento Histórico Nacional Argentino.
( ) Monumento Histórico Nacional a la Bandera.
( ) Monumento Histórico Nacional a la Bandera Argentina.

b) El monumento se trata de una construcción:

( ) del rosario.
( ) símbolo de Rosario en Argentina.
( ) nacional de la bandera.

c) El monumento está en el:

( ) Parque Nacional a la Bandera.
( ) Parque a la Bandera.
( ) Parque General Manuel Belgrano.

d) El monumento está en ese lugar, porque:

( ) era el 27 de febrero de 1802.
( ) por primera vez, General Belgrano levantó en alto la Bandera Argentina.
( ) estaba por primera vez a orillas del río Paraná.

e) El Monumento Histórico Nacional a la Bandera es único en su tipo porque:

( ) conmemora el yacimiento de la insignia patria a la que alude su nombre.
( ) honra el Parque Nacional a la Bandera.
( ) celebra el nacimiento de la insignia patria a la que se refiere su nombre.

f) Trabajaron en la composición del monumento:

( ) los arquitectos Alfredo Bigatti y Alejandro Bustillo, los escultores Ángel Guido y José Fioravanti y los artistas Eduardo Barnes y Pedro Cresta.
( ) los arquitectos Ángel Guido y Alejandro Bustillo, los escultores Eduardo Barnes y Pedro Cresta y los artistas Alfredo Bigatti y José Fioravanti.
( ) los arquitectos Ángel Guido y Alejandro Bustillo, los escultores Alfredo Bigatti y José Fioravanti y los artistas Eduardo Barnes y Pedro Cresta.

g) El monumento se compone de:

( ) un mirador con Patio Cívico, el Propileo y la Sala de Honor de las Banderas de América.
( ) una torre con mirador, una cripta en homenaje al general Manuel Belgrano, un Patio Cívico, el Propileo y la Sala de Honor de las Banderas de América.
( ) una torre con mirador, una cripta en homenaje al general Manuel Belgrano, un Patio Cívico y la Sala de Honor de las Banderas de América.

h) Un dibujo de este monumento aparece en:

( ) la nota de 10 pesos.
( ) el sello de 10 pesos.
( ) el billete de 10 pesos.

- **Escucha el texto una vez más, completa los huecos y después comprueba tus respuestas del ejercicio anterior:**

Monumento Histórico Nacional a la Bandera Argentina

El Monumento Histórico Nacional a la Bandera es una ________________ símbolo de la ciudad de Rosario, en la República Argentina. Está ________________ en el Parque Nacional a la Bandera, en el lugar ________________ el general Manuel Belgrano ________________ por primera vez la Bandera Argentina, el 27 de febrero de 1812, a

________ del río Paraná. Por conmemorar el nacimiento de la ________ patria, a la que ________ su nombre, es único en su tipo.

Fue diseñado por los ________ Ángel Guido y Alejandro Bustillo, y colaboraron los ________ Alfredo Bigatti y José Fioravanti. Luego se agregarían obras de Eduardo Barnes y ________ de Pedro Cresta.

Posee una ________ de 70 m de altura con mirador en la cima, una cripta en ________ al general Manuel Belgrano, un Patio Cívico y el Propileo. En el ________ de este último se halla la Sala de Honor de las Banderas de América.

Un ________ de este monumento aparece en el reverso de los ________ de 10 pesos.

En: <http://es.wikipedia.org>. Fecha de consulta: 8 marzo 2011.

6 Escucha y contesta:

a) ¿Cómo se llama el autor del diario?

____

b) ¿Qué le preocupa a la madre del autor del diario?

____

c) ¿Qué nombre da la madre del autor a los dos efectos por los que está preocupada?

____

d) ¿Cómo se llama la dieta que hace la madre para caber en la bikini?

____

e) ¿Qué hace la madre cuando adelgaza?

____

- **Escucha el texto y completa los huecos:**

El diario íntimo de Matías

por Sendra

El ombligo observador informe especial
¡Se viene el 2000! –Sepa cómo mirar el futuro–

1. Con ________ y esperanza.
2. Con preocupación y ________.
3. Simulando éxito y prosperidad.
4. Con ________ aguda.
5. Con ________ reservados.
6. Sin olvidar el pasado.
7. Mirando a las ________ voladoras.
8. Abrazado al ________, como siempre.

bikini = sustantivo masculino. Sin embargo, en Argentina, se usa con el artículo femenino, porque hacen la concordancia con "la malla" (bañador): "la malla bikini".

Kinotos = frutita agria muy usada en el norte de Argentina para dulces, compotas y postres. Se parece a la "pitomba", fruta típica del noreste brasileño.

Mi mamá ________ muy preocupada por el año 2000 porque las computadoras podrían ________, y además porque a ella no le entra la bikini del año pasado. Ambos efectos ________ "Y2K".

La diferencia es que el "Y2K" de las computadoras ________ de "Year 2 Kilo", que quiere decir "Año 2 mil", en cambio el "Y2K" de mi mamá viene de "Yo, 2 Kinotos", que ________ la dieta que ________ para entrar en la bikini. Yo no entiendo muy bien para que ________ ponerse esa bikini, si cuando al final ________ y entra, va y se compra otra y esa la ________.

Revista *Viva (Clarín)*, n. 1226. Buenos Aires, 31 octubre 1999. p. 30.

7 Escucha y marca V **para verdadero y** F **para falso:**

a) Los animales de concha enfrentan una amenaza que les impone la naturaleza. ( )

b) El calentamiento global es la causa directa de la amenaza a los animales de concha. ( )

c) El agua cada vez más ácida de los océanos disuelve la concha de los animales marinos. ( )

d) La producción del CO_2 provoca el aumento de la acidez en el océano. ( )

e) Para el final del siglo, habrá un aumento del 30% en la acidez de las aguas superficiales de los océanos. ( )

- **Ahora escucha otra vez y rellena los huecos:**

La amenaza ácida

A medida que el CO_2 aumenta, los animales con ________ pueden morir.

En el mejor de los casos, estas criaturas llevan vidas ________. Hoy en día, se enfrentan a una ________ creada por el hombre. No, esta vez no se trata del ________ global, aunque la causa es la misma. A medida que el nivel de dióxido de carbono (CO_2) ________ aumenta, este no solo calienta el planeta, sino que al disolverse en los ________, los vuelve más ácidos. Para los animales que se protegen con conchas, esto representa un ambiente ________ e incluso mortal.

Los océanos son un medio natural que favorece el ________ del CO_2 y ya han absorbido más de una cuarta parte de lo que se libera en la atmósfera. Actualmente producimos grandes ________: los océanos reciben 25 millones de toneladas al día del exceso del CO_2. Los científicos ya han detectado un aumento en la ________ de casi 30% en las aguas ________ y predicen que habrá un ________ de 100 a 150% para el final del siglo.

Hasta ahora no se han documentado efectos ________ en el mar abierto, pero la amenaza es evidente.

National Geographic en español. Noviembre de 2007.

escuchar
banda 29

8 **Escucha la grabación de estos anuncios de periódicos, indica la secuencia y luego complétalos:**

a) EMPRESA LÍDER en venta de recambios para ______________ industriales precisa comercial para Murcia y provincia. ______________ ( )

b) TÉCNICO EN MEDIO AMBIENTE. Infórmate. ______________ ( )

c) NECESITO TÉCNICO que arregle máquina de ______________ antigua. Antiquario Los Recuerdos. Llama al ______________ ( )

d) BUSCO UN TÉCNICO especialista en ______________. Llama al ______________ ( )

e) Ayuntamiento Cartagena. Nuevas ofertas: 13 ______________ bomberos ayto. 15 plazas aux. ______________ local. ( )

f) EMPRESA INTERNACIONAL ______________ personal tiempo parcial o completo. ______________ ( )

escuchar
banda 30

9 **Escucha los anuncios acerca de nuevas profesiones y corrige las afirmaciones que estén incorrectas:**

a) La animación social es una forma de promoción social a partir de una formación en ciencias humanas y sociales.

____

b) Las funciones de la animación social son variadas. Entre las funciones de la animación social está la integración de personas de un grupo o en una comunidad.

____

c) La robótica forma parte del núcleo de las nuevas ciencias matemáticas.

____

d) La función del ingeniero robótico es crear robots.

____

e) En el 2015 habrá más de 4 millones de robots en nuevos campos.

____

f) Hoy en día, la robótica es una titulación de primer ciclo universitario dentro de la ingeniería industrial.

____

- **Escucha, rellena los huecos y comprueba tus respuestas del ejercicio anterior:**

Animación sociocultural

La animación sociocultural es una de las formas de __________ social a partir de una formación en ciencias humanas y __________, especialmente en antropología, sociología, psicología, __________ y filosofía. La animación sociocultural tiene varias funciones: La __________ que busca despertar el interés de un grupo, la __________ que busca potenciar un cambio de actitudes en colectivos determinados, la __________ de nuevas realidades sociales, la __________ de personas en un grupo o en una comunidad, la __________ de los valores y actitudes positivas, la __________, el crecimiento individual y la __________.

La robótica

La robótica forma parte del núcleo __________ de lo que hemos denominado socialmente nuevas tecnologías junto con la microelectrónica, la informática, las __________, la inteligencia artificial y el __________.

La formación del ingeniero robótico debe permitir el reconocimiento de __________, la visión artificial por ordenador, el álgebra de vectores, __________ y tensores y el dominio de la __________. Pero este profesional, más que crear robots, lo que debe es saber adaptar la robótica a los procesos __________ de producción.

Un robot industrial es una máquina __________, reprogramable y de propósito general con tres o más __________ programables. En España hay más de 800.000 unidades, según los últimos datos que disponemos. Se __________ que en el año 2015 habrá más de 4 millones de unidades "robot" en campos tan nuevos como la __________, la agricultura, la minería, la alimentación, la medicina, junto con los más consolidados sectores de la __________, química, petróleo, carbón, __________ y plástico. Unidades que requerirán __________ en su comercialización, mantenimiento, __________ y control.

Actualmente, la robótica es una __________ de segundo ciclo universitario dentro de la ingeniería industrial, pero también se pueden cursar __________ de formación profesional de especialización en __________ y robótica.

En: <http://blog.proele.es>. Fecha de consulta: 25 febrero 2011.

escuchar
banda 31

10 **Escucha la historia y numera las viñetas en el orden correcto.**

( ) ( )
( ) ( )
( ) ( )

- **Vuelve a escuchar la historia y rellena los huecos:**

A Roberto le gustaba hacer experiencias con ________________. Aquel día decidió cazar algunas moscas para observar cómo ________________. Las metió en una bandeja de cubitos de ________________ llena de agua y empezó a observarlas cuando, justo cuando estaba en lo mejor, su ________________ entró en la cocina. Ella no se dio cuenta de lo que Roberto estaba haciendo y él cogió la bandeja con las moscas y la metió rápidamente en el ________________. Unos días después, Roberto y su familia recibieron la visita de dos ________________ que vivían en otra ciudad. La madre les sirvió un ________________ y todos se horrorizaron cuando los cubitos de hielo se deshicieron y vieron las moscas ________________ en la bebida. Roberto corrió a su dormitorio y se echó a reír, mientras ________________ padres se disculpaban con los tíos.

escuchar
banda 32

11 **Escucha el texto y ponlo en orden:**

Aracne

( ) Luego, la vengativa diosa la roció con vedegambre, de tal manera que (...) toda ella quedó convertida en un vientre gigantesco. Sin embargo, sus dedos pudieron seguir ________________, y en pocos minutos Aracne, la primera araña de la tierra, tejió su primera y magnífica tela.

( ) Aracne era una campesina ________________ y, a la vez, una admirable ________________ y ________________. Las ninfas del agua dejaban sus ríos, y las ninfas del bosque sus florestas para venir a ver cómo ____________ remojaba la lana en tinturas de color ____________, tomaba luego los largos hilos y, con sus ____________ dedos, tejía ____________ tapices.

—¡Ah! ¡Minerva debió de ser quien te dio un ____________ don! —dijo un día una de las ninfas del bosque, refiriéndose a la diosa del ____________ y de las artes manuales.

( ) Cuando esta abrió la puerta, Minerva, ____________ (...) le dijo:

—Si yo estuviera en tu lugar, no andaría ____________ de manera tan engreída con la gran diosa Minerva, y humildemente le pediría perdón por tus palabras ____________.

—¡Ridícula tonta! —repuso Aracne— ¿quién eres tú para venir ante mi puerta a ____________ lo que debo hacer? ¡Si esa diosa tiene al menos la mitad del poder que la gente le atribuye, que se presente aquí y ____________!

—¡Aquí está ella! —anunció una potente voz y, (...) la anciana se convirtió al instante en la diosa Minerva.

( ) Minerva ____________ un tapiz en el que se veían los ____________ dioses y diosas más grandes del ____________; pero el de Aracne mostraba no solo los dioses y las diosas, sino también sus aventuras. (...) Sin duda el trabajo de Aracne era superior al de Minerva, y hasta la diosa Envidia, ____________ con altivez, dijo:

—No hay en él ningún defecto.

( ) Aracne ____________ atrás la cabeza y exclamó:

—¡Oh, no! ¡Minerva no ____________ nada! ¡Todo lo que sé, ____________ yo sola! —y enseguida, decidió ____________ a la diosa a competir con ella— veamos quién de las dos merece llamarse la diosa del telar!

(...) Cuando Minerva se enteró de semejantes ____________, se enfureció. Inmediatamente adoptó la apariencia de una ____________ de pelo gris, y ____________, ayudada de un bastón, se dirigió hacia la cabaña de Aracne.

( ) Aracne ____________ de vergüenza. Sin embargo, se mantuvo desafiante, y en forma temeraria caminó hacia su destino.

—¡Hola, Minerva! —dijo— ¿al fin vas a decidirte a competir conmigo? (...)

—Entra si quieres —dijo Aracne dejándole libre el paso a la diosa. (...) pronto empezaron a trabajar, sus ____________ dedos se movían de arriba a abajo, dejando a su paso arcoíris de todos los colores: morados oscuros, rosados, dorados y carmesíes.

( ) Al oír las palabras de Envidia, estalló Minerva. Rasgó el tapiz de Aracne y ____________ sin compasión, hasta que Aracne, cubierta de oprobio y de humillación, salió ____________ y trató de ahorcarse. Finalmente, movida por un poco de piedad, Minerva dijo:

—Podrás vivir, Aracne, pero ____________ colgada para siempre, ¡y tejerás en el aire!

En: <http://www.cuentometro.com.ar>. Fecha de consulta: 28 marzo 2011.

- **Escucha el texto otra vez, rellena los huecos y a continuación confirma tus respuestas.**

Contesta a las preguntas:

a) ¿Quién era Aracne?

b) ¿Quién era Minerva?

c) ¿Qué hacía Aracne?

d) ¿Por qué Aracne desafió a la diosa Minerva?

e) ¿Cómo fue la disputa?

f) ¿Quién trabajó mejor?

g) ¿Quién juzgó los trabajos?

h) ¿Qué actitud tomó Minerva?

i) ¿Cómo se sintió Aracne? ¿Qué hizo después?

j) ¿A qué castigo le condenó Minerva a Aracne?

12 Vas a escuchar un texto sobre ropa inteligente. Primero, marca la alternativa correcta, después escúchalo y confirma tus respuestas.

El texto es sobre:

a) una ropa que cambia de temperatura sola. ( )
b) una ropa que repele a los bichos en general. ( )
c) un tejido que te hace oler bien todo el día. ( )
d) las ropas son solo proyectos imposibles de confeccionar. ( )
e) una chamarra que te avisa cuando va a llover. ( )
f) un uniforme capaz de proteger a los soldados. ( )

- **Escucha el texto, tacha las palabras** incorrectas **y después comprueba tus respuestas.**

Ropa inteligente

Ropa que puede cambiar/modificar su temperatura y dolor/color, que repele a los bichos y que permite/remite que la persona que porta dicha prenda muela/huela bien son solo algunos de los tipos de ropa "inteligente"/"negligente" que se encuentran en desarrollo/rollo en todo el mundo.

Algunos diseños son solo por diversión. Elise Co, una investigadora/profesora en el Laboratorio de Medios de Comunicación del Instituto de Tecnología de Massachusetts (MIT), ha inventado el "Puddlejumper," una caja/chamarra con sensores y lámparas electroluminescentes que presentan un patrón que idea/parpadea en respuesta a las gotas de la lluvia. El Burton Amp, una chamarra resistente/persistente al agua creada por Apple Computers y Burton Snowboards, ofrece un sistema/tema de música integrado capaz de guardar 4.000 canciones, operado por controles que se encuentran en la manga.

Otros tipos de ropa inteligente vendrán/servirán a propósitos más serios. El Instituto de Nanotecnologías para Soldados del MIT está trabajando con la Armada de los Estados Unidos en un proyecto de $50 millones/billones para desarrollar tecnología que supiera/pudiera, en cierta instancia, permitir que los soldados activen luz pero un blindaje/viaje fuerte y dinámico construido en sus uniformes en respuesta a tenazas/amenazas. Sus súper trajes también pueden suministrar/administrar ayuda médica en el lugar en caso de sufrir alguna herida/perdida.

Un equipo de la Escuela de Textiles y Diseño de la Universidad Heriot-Watt de Escocia está desarrollando un chaleco/eco que puede monitorear a los signos vitales/normales de las personas que lo visten y alertarlos a ellos —y a sus doctores— de los cambios en su situación/condición médica.

En: <http://www.window.state.tx.us>.
Fecha de consulta: 20 marzo 2011.

escuchar
banda 34

13 Elige la alternativa correcta.

a) En el texto hay un personaje que es:

( ) un niño.
( ) una niña.
( ) un niño y varios monstruos.

b) El niño tiene 10 años y:

( ) es un miedica.
( ) lleva una vida aburrida.
( ) es muy valiente.

c) Hace poco tiempo se creía:

( ) un cobarde.
( ) un valiente.
( ) un campeón en monopatín.

d) Después de una apuesta con su hermana, el personaje:

( ) descubre un tesoro.
( ) encuentra a algunos monstruos.
( ) se cae del monopatín.

- **Escucha el texto, completa los huecos y comprueba tus respuestas:**

¡Hola! Soy Max Müller

(...) Me gusta ir en ________________. Hasta ahora ________________ una vida bastante aburrida. En el colegio, a veces ________________ de mí y me llaman miedica. Hasta hace poco, yo mismo ________________ un cobarde. Pero un día ________________ con mi hermana mayor que ________________ a entrar solo en el viejo tren fantasma de la feria. Esta atracción ________________ años cerrada, y nadie ________________ que tras sus verdes paredes ________________ un gran misterio.

Yo descubrí.

En el tren fantasma se esconden...

...¡los últimos monstruos!

Esos monstruos ________________ hoy mis mejores amigos, pero ________________ continuamente expuestos a un gran peligro. Y es que detrás de ellos ________________ Karla Kätscher y su ayudante, Adonis Chorlito, que ________________ fundar un circo de monstruos.

Mis amigos monstruos ________________ en el tren fantasma ________________ de ellos, pero un día descubrimos que iban a ________________. Pudimos impedir a tiempo, y ________________ ganar dinero necesario para comprar el tren fantasma. Por eso ________________ una pequeña agencia llamada Cía. de Alquiler de Monstruos a quienes ________________.

¡Desde que ________________, no tengo tiempo para ________________!

BREZINA, Thomas. *Operación susto a la hermana*. Madrid: Ediciones SM, 1996. p. 5-7.

14 Escucha el texto y marca Sí **o** No**:**

	SÍ	NO
a) Están hablando de un tribunal.		
b) Están hablando de *internet*.		
c) Chris no escribía en el foro porque escribir no es su fuerte.		
d) Chris tampoco es bueno en los deportes.		
e) El narrador estudia mucho porque pasa mucho tiempo en casa.		
f) El narrador siempre salva a su amigo de situaciones desagradables.		
g) Chris quiere ser pinchadiscos.		

- **En el cuadro hay varias palabras. Úsalas para completar el texto correctamente:**

> sepa – te he dicho – tampoco – deportes – cantidad
> deberes – te catearan – pinchadiscos
> montón – asombroso – menudo – parezco – desagradable
> hiciste – vistazo – hubiera gustado – anónimo
> murmuré – me suspendan – moriría

(...)

—Y ¿qué __________________? —le pregunté.

—Pues, nada del otro jueves. Eché un __________________ por aquí y por allá. Me __________________ tomar parte en un foro de debate, pero no me atreví.

—Y eso, ¿por qué? Si es totalmente __________________. Puedes escribir lo que te dé la gana sin que nadie __________________ quién eres. No pones tu verdadero nombre.

—Pues, no sé. Ya __________________ que me daba corte, por lo del teléfono.

Lo dejé pasar. Seguro que Chris no sabría qué poner. La Lengua y escribir no son su fuerte. Bueno, __________________ es muy bueno en lo demás, salvo en __________________. A mí me pasa lo contrario. Será porque estoy mucho en casa y tengo __________________ de tiempo para estudiar. Si no, ¿qué voy a hacer? A Chris le va mejor porque tiene un __________________ de novias, aunque ninguna fija, igual que yo, que tampoco la tengo. En su caso es algo __________________, pero está bien, porque a pesar de ello nos podemos ver a __________________. A su lado __________________ más feo todavía, aunque a veces le salvo de alguna situación __________________. Si puedo, claro.

—Me gustaría ver las cosas tan fáciles como tú —__________________.

—¡Pues hazlo! ¿Qué quieres que pase? —me contestó Chris.

—Ya, y ... ¡que __________________! —dije yo.

—¡Que no, hombre, no te preocupes! —se rió del amigo. Además yo me __________________ de miedo si te suspendieran. No nos puedes hacer eso, porque, ¿a quién le íbamos a copiar los __________________?

—Y tú, ¿qué harías si __________________? —le pregunté.

Chris se encogió de hombros.

—¡Qué sé yo, buscarme la vida! Seguramente buscaría trabajo como __________________. Que es lo que quiero hacer en el futuro.

FRIEDRICH, Joachim. *Internet y salsichas al curry.*
Madrid: Ediciones SM, 1998. p. 8-9.

- **Escucha el texto una vez más y confirma tus respuestas.**

MEJORANDO LA PRONUNCIACIÓN

1 banda 36

La H. Escucha las palabras y repítelas:

hielo	vehículo
hada	prohibido
helado	hasta
ahora	hombro
hoy	alcohol

2 banda 37

Escucha los refranes y repítelos:

a) Holgar y medrar, no son a la par.

JUNCEDA, Luis. *Diccionario de refranes*. Madrid: Espasa Calpe, 1998. p. 216.

b) (El) Herrero, con agua aumenta el fuego.

JUNCEDA, Luis. *Diccionario de refranes*. Madrid: Espasa Calpe, 1998. p. 212.

c) El hábito no hace el monje.

JUNCEDA, Luis. *Diccionario de refranes*. Madrid: Espasa Calpe, 1998. p. 203.

3 banda 38

Encuentra la respuesta para las adivinanzas y repítelas:

a) Habla y no tiene boca,
corre y no tiene pies,
vuela y no tiene alas,
¿qué cosiquilla es?

____

MELÉNDEZ, Belén Bermejo. *Las mejores adivinanzas*. Madrid: Editorial LIBSA, 2000. p. 61.

b) En el monte ladra
y en casa calla.

____

MELÉNDEZ, Belén Bermejo. *Las mejores adivinanzas*. Madrid: Editorial LIBSA, 2000. p. 56.

4 banda 39

La V y la B. Oye y repite:

bueno	envidia
basta	invierno
blanco	virgen
barriga	valle
ombligo	viento

5 banda 40

Escucha los refranes y repítelos:

a) Ave de mal agüero, a mi vera no la quiero.

JUNCEDA, Luis. *Diccionario de refranes*. Madrid: Espasa Calpe, 1998. p. 73.

b) Bátete con uno, combate con dos, defiéndete de tres, huye de cuatro y no quedarás deshonrado.

JUNCEDA, Luis. *Diccionario de refranes*. Madrid: Espasa Calpe, 1998. p. 79.

6 banda 41

Soluciona las adivinanzas y enséñaselas a tus amigos/as:

a) ¿Qué cosa es?
Hace espuma,
quita las manchas
y huele bien.

____

MELÉNDEZ, Belén Bermejo. *Las mejores adivinanzas*. Madrid: Editorial LIBSA, 2000. p. 69.

b) Estaba tras de una puerta;
tras de una puerta estaba;
estaba tras una puerta,
y porque lo digo estaba.

____

MELÉNDEZ, Belén Bermejo. *Las mejores adivinanzas*. Madrid: Editorial LIBSA, 2000. p. 59.

7 banda 42

La V y la B. Oye y repite las oraciones:

a) El libro está abierto.
b) El abuelo va por la avenida.
c) La abogada cantaba su canción favorita.
d) Iván te pide un favor: que vayas a buscar las vacunas.

8 banda 43

La R, la RR, la G y la J. Oye y repite:

jarra	ferrocarril
rojo	Enrique
carruaje	enredo

rejuvenecer	reloj
región	alrededor
Rogelio	corregir

9 banda 44 **La T con la M y la N. Oye y repite:**

ritmo	etnología
atmósfera	etnia
étnico	atmosférico

10 banda 45 **La P antes de S y N. Escucha y repite:**

psicología	psicosomático
psiquiatra	pneumático
pseudónimo	pnematología
pseudocientífico	pnemólogo

11 banda 46 **Escucha y repite estas palabras cuyo acento no coincide en español y portugués. Luego, subraya la sílaba tónica:**

academia	democracia
alcohol	desnivel
alergia	diplomacia
alguien	dramaturgia
anestesia	elogio
aristócrata	epidemia
asfixia	euforia
atmósfera	filántropo
bigamia	hemorragia
cerebro	héroe

12 banda 47 **Escucha estas oraciones interrogativas y repítelas:**

a) ¿Nos vemos esta tarde en el colegio?
b) ¿Es verdad?
c) ¿Sabes la respuesta?
d) ¿Te has cansado de la situación?
e) ¿Pepe y Claudia estaban enfermos?
f) ¿Estaremos equivocados?
g) ¿Quedamos el sábado en mi casa?

13 banda 48 **Escucha estas oraciones interrogativas y repítelas:**

a) ¿Quién te ha contado la historia?
b) ¿Cómo vas a viajar a Europa?
c) ¿A quién le estás preparando una fiesta de cumpleaños?
d) ¿Hasta qué día van las clases de español?
e) Dime cuándo debo entregar la tarea.
f) No sé dónde he dejado mis llaves.
g) El profesor quiere saber si vas a faltar mañana.

14 banda 49 **Escucha y repite estas oraciones exclamativas:**

a) ¡Es verdad!
b) ¡No tengo ni idea!
c) ¡Qué mono eres!
d) ¡Estamos cansados!
e) ¡Déjame hablar!
f) ¡Pórtense bien, chicos!
g) ¡Está rico este pastel!
h) ¡Vete de aquí!

15 banda 50 **Escucha y escribe las palabras separándolas en las sílabas adecuadamente. Después, subraya la sílaba tónica:**

a) ______________________________
b) ______________________________
c) ______________________________
d) ______________________________
e) ______________________________
f) ______________________________
g) ______________________________
h) ______________________________
i) ______________________________

j) ______________________________

k) ______________________________

l) ______________________________

m) ______________________________

n) ______________________________

ñ) ______________________________

16 banda 51 **Clasifica las palabras en el cuadro de acuerdo con la sílaba tónica:**

AGUDAS	LLANAS	ESDRÚJULAS

17 banda 52 **Clasifica las palabras en el cuadro de acuerdo con la sílaba tónica:**

AGUDAS	LLANAS	ESDRÚJULAS

18 banda 53 **Escucha las palabras y repítelas. Después, sepáralas en sílabas y subraya la tónica:**

a) academia: ______________________

b) alcohol: ______________________

c) alergia: ______________________

d) alguien: ______________________

e) atmósfera: ______________________

f) democracia: ______________________

g) fútbol: ______________________

h) héroe: ______________________

i) imán: ______________________

j) micrófono: ______________________

k) nadie: ______________________

l) oxígeno: ______________________

m) policía: ______________________

n) régimen: ______________________

ñ) teléfono: ______________________

- **Si comparas esas palabras en español con respecto al portugués, ¿podrías decir qué se tratan de palabras heterotónicas? ¿Por qué?**

____

____

PASATIEMPOS

1 **Escribe en la** botella **los nombres de los dibujos que se escriben con** b **y en la** vaca**, los que se escriben con** v**:**

2 **Fuga de vocales. Completa los refranes con las vocales que les faltan. Después, encuentra sus significados:**

a) M_____s v_____l_____ s_____r c_____b_____z_____ d_____ r_____t_____n, q_____ c_____l_____ d_____ l_____n.

b) P_____d_____nd_____ tr_____b_____j_____r n_____ l_____ d_____j_____s, _____nq_____ n_____ t_____ d_____n l_____ q_____ m_____r_____c_____s.

c) D_____ _____n_____m_____r_____d_____ _____ l_____c_____ v_____ m_____y p_____c_____

( ) Exhorta la virtud del trabajo.

( ) Se dice por las cosas extrañas que se hacen al estar poseído de un amor intenso.

( ) Indica que es preferible ser preferencial en cosa pequeña, que ser el último en cosas grandes.

3 Elabora caligramas con las palabras, según el modelo:

LLUVIA

trueno – paraguas – relámpago – bufanda – abanico

4 Crucigrama.

El cine

acción
actor
cámara
decorado
director
escenario
escenografía
focos
grabación
guionista
iluminación
maquillador
productor
rodaje
toma

5 Formas geométricas.

Con las sílabas que hay en cada figura geométrica, obtendrás distintas palabras: las del triángulo son nombres que empiezan con la letra **e**, las del cuadrado, **géneros literarios**, y las del círculo, **estilos musicales**. De cada figura puedes obtener, al menos, seis palabras:

E
EU
BO E
GI O DU
SA VI DI O
EL LO LE RI
GES QUE EN NA

CO PE DIA
YEN DRA
GE VE DIA DA PO
ME E MA
LA TRA NO

BA CA
MEN INS GUE
BO ME SI TAL
GO LA REN DAS
MAM CLÁ
TAN TRU

____

____

____

6 Relaciona los esloganes con los productos:

a) ¡Déjate llevar por los sueños! Te llevamos adonde has soñado. ( )
b) Super crujientes, super sabrosas. Sabor para compartir. ( )
c) La hora más atractiva. ( )
d) Lo tendrás todo, ¡suscríbete ya! ( )
e) ¿Rizos perfectos en cualquier situación? Sí, con el nuevo Controlriz. ( )
f) Tienes el poder en tus manos. Elije entre minutos, números favoritos y mensajes de texto. ( )

1

2

3

4

5

6

7 **Busca en la sopa de letras las palabras subrayadas de este refrán.**

Lunes, galbana; martes, mala gana; miércoles, tormenta; jueves, mala venta; viernes, vendaval; para un día que me queda, ¿a qué voy a trabajar?

M I E L U N A B E I M I É R C O L E S
U A V E N T A O L C A E S O J U P D A
L R P V E L B X Ñ Y L T Y Z I V T E N
R T R A B O I M I T A L A G B T O M W
U T I L Z D Í A M I A B A S T U R T J
A D B F Q F U R I U R G G E I U M Y E
L D W A I T K T T O A M V S A Y E G U
L U N E S R N I Ñ I G I E R E W N W Y
R A I A E T L G A L B A N A G O T J I
S E S J D R U K D S T T D A T G A T X
Z S A U E A N M I E S M A L B E Y U J
D I Z U M B A L B A S Z V I E R N E S
M E Q I S A W E Q Q E A A B E H E F K
V I E N U J E D E V E B L V O K P T X
W E R E E A A I D V Y A M A R O N I N
Q Z X M A R T E S Ñ U J U E V E S P A

- **¿Sabes qué significa un refrán? Este especialmente, ¿qué quiere decir? Completa la frase con las vocales que le faltan.**

S____ r____f____r____ ____ l____ ____xp____r____nc____ d____l p____bl____. ____st____ r____fr____n s____ p____n____ ____n b____c____ d____l ____c____s____, q____ s____mpr____ ____nc____ntr____ ____xc____s____s p____r____ n____ tr____b____j____r.

8 **Ruedas mágicas.**

En cada rueda hay una palabra oculta. Juntas, las palabras formarán un refrán. Elige adecuadamente la letra por la que empieza la palabra, descúbrelo y escríbelo.

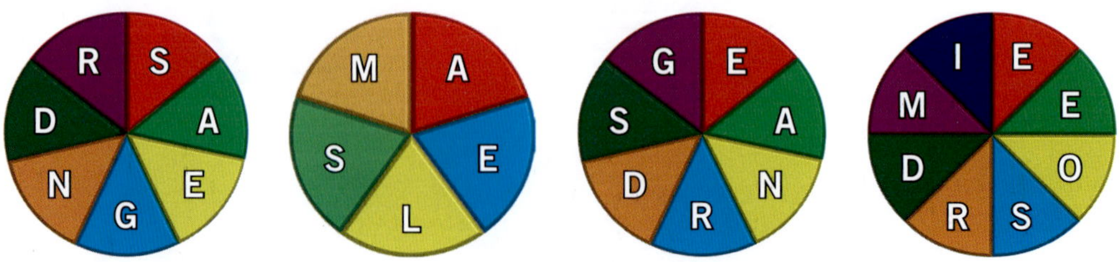

a) A ____.

JUNCEDA, Luis. *Diccionario de refranes*. Madrid: Espasa Calpe, 1998. p. 13.

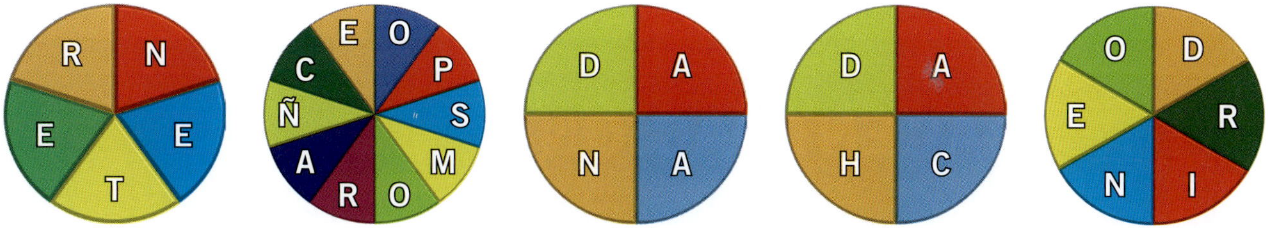

b) ____________________, ________ se ________ por ________.

Op. cit., 183.

9 **Encadenado.**

Convierte un pepino en una buena receta cambiando a cada paso una sola letra.

PEPINO

____________	Nombre familiar y diminutivo de varón.
____________	Simiente plana y alargada.
____________	Vuelva a decir una cosa.
____________	Pronuncia versos en voz alta.

RECETA

Pasatiempos Mía, n. 1. Madrid, s/f. p. 6.

10 **Monta el rompecabezas y escribe el mensaje:**

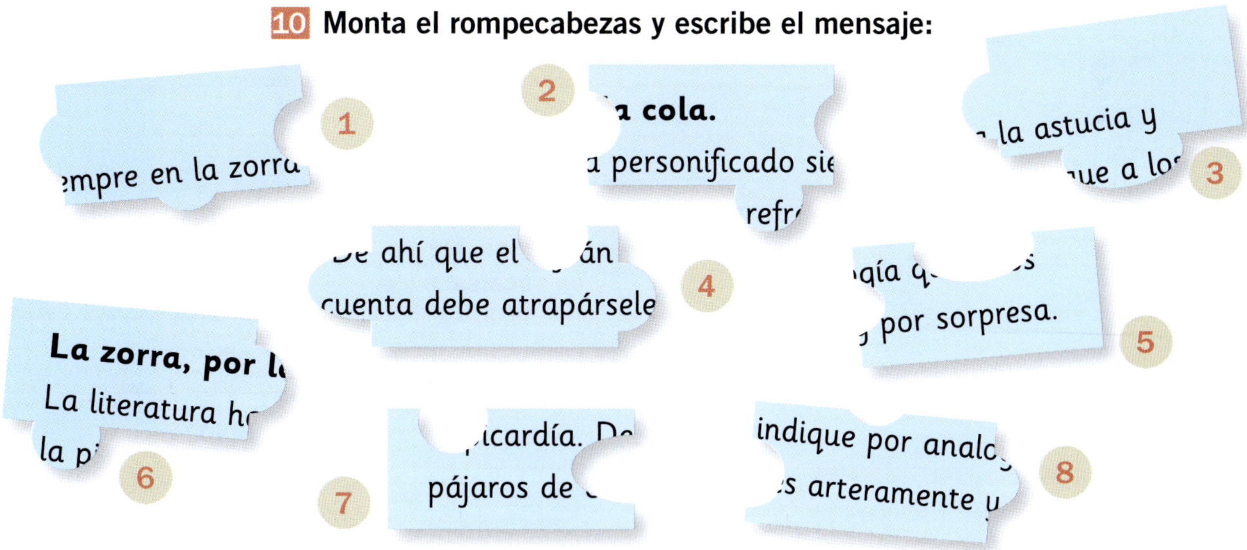

____

____

____

____

ACENTUACIÓN

Toda palabra tiene una sílaba tónica, que llevará o no la tilde, según las reglas de acentuación.

Sílaba tónica es la que se pronuncia con más intensidad que las demás.

PALABRAS ESDRÚJULAS	
La sílaba tónica es la **antepenúltima**. Todas llevan tilde.	
médico	rápido
máquina	tónica

PALABRAS LLANAS	
La sílaba tónica es la **penúltima**. Llevan tilde las terminadas en consonante, excepto n y s.	
carácter	difícil

PALABRAS AGUDAS	
La sílaba tónica es la **última**. Llevan tilde las terminadas en **vocales**, **n** y **s**.	
jardín	allí
estás	habló
papá	tabú
café	ración

tip *Hay palabras que tienen **la sílaba tónica diferente** del **portugués: al**guien, ce**re**bro, demo**cra**cia, im**bé**cil, **fút**bol, ni**vel**, ox**í**geno, o**cé**ano, **sín**toma, alco**hol**, **lí**mite, mi**cró**fono, e**lo**gio, peri**fe**ria, te**ra**pia, a**ler**gia.*

Encuentros vocálicos

En español hay:

vocales abiertas → A — E — O
vocales cerradas → I — U

Cuando las vocales se encuentran:

abierta + abierta	A – É – RE – O MA – RE – A	Forman hiato y se siguen las reglas generales de acentuación (esdrújula, llana, aguda).
cerrada + cerrada	JE – SUI – TA BEN – JUÍ	Forman diptongo y se siguen las reglas generales de acentuación (esdrújula, llana, aguda).
abierta + cerrada **cerrada + abierta**	AI – RE A – BIER – TA	Forman diptongo y se siguen las reglas generales de acentuación (esdrújula, llana, aguda).
abierta + cerrada (tónica) **cerrada** (tónica) **+ abierta**	RA – ÍZ E – GO – ÍS – MO RÍ – O BÚ – HO	Forman hiato y se acentúan las vocales cerradas tónicas para marcar el hiato.

DIACRÍTICOS

Se usa el **acento diacrítico** para diferenciar palabras que tienen la misma grafía, pero función gramatical diferente.

*... en **el** trabajo de José o **el** de mamá.* (artículo)
*Mamá habla mucho con **él**.* (pronombre personal)

DIACRÍTICO	FUNCIÓN GRAMATICAL	EJEMPLO
él	pronombre personal	***Él*** *habla muy bien.*
el	artículo determinado	***El*** *libro de Juanes.*
tú	pronombre personal	***Tú*** *eres muy buen alumno.*
tu	posesivo	*¿Dónde está* ***tu*** *hermano?*
té	sustantivo	*Tomo el* ***té*** *a las cinco.*
te	pronombre	*No* ***te*** *veo hace mucho.*
mí	pronombre	*A* ***mí*** *me gusta mucho.*
mi	posesivo	*No vi* ***mi*** *telenovela ayer.*
sé	verbos saber / ser (pres. ind. / imper.)	*No lo* ***sé****. /* ***Sé*** *paciente.*
se	pronombre	*Alicia* ***se*** *despierta temprano.*
dé	verbo dar (imper. / pres. subj.)	***Dé****me su dirección.* *Sugiero que me la* ***dé****.*
de	preposición	*Este cuaderno es* ***de*** *Alberto.*
sí	adverbio de afirmación /pronombre reflexivo	***Sí****, me llamo Florencia.* *Nati se hace daño a* ***sí*** *misma.*
si	conjunción	***Si*** *me llamas antes, voy contigo.*
más	adverbio	*No lo quiero* ***más****.*
mas	conjunción (poco uso)	*Vencerás,* ***mas*** *no convencerás.*
aún	adverbio (todavía)	***Aún*** *quiero volver a Lima.*
aun	adverbio (hasta, incluso)	***Aun*** *mi madre se levantó tarde.*

Los demás **monosílabos** no llevan acento:

*Marité **es** muy guapa.*

***Fui** al parque ayer.*

*¿**Va** usted al teatro?*

Recuerda

Los pronombres interrogativos y exclamativos llevan acento:

*¡**Qué** idea!*

*¿**Cuál** es tu nombre de pila?*

SIGNOS DE PUNTUACIÓN

NOMBRE Y SÍMBOLO	SE USA...	EJEMPLO
punto .	Después de una oración que tiene sentido completo.	*Los días de invierno son muy fríos.*
	Después de una abreviatura.	*Encontramos al Sr. Núñez en la cafetería de al lado.*
punto y seguido .	Para separar oraciones en las que se trata un mismo tema y que, por eso, no pueden ir en párrafos diferentes.	*Pedro tiene dos hermanos. Los dos son mayores que él.*
punto y aparte .	Para separar dos oraciones en párrafos diferentes e indicar que hay un cambio de tema o de enfoque.	*Primero, fuimos a la playa y todos se divirtieron mucho. Pasamos el día al sol.* *Por la noche, decidimos volver a casa porque teníamos que trabajar al día siguiente.*
punto y coma ;	Para unir dos oraciones completas relacionadas en una sola oración.	*Estoy cansada; tengo que dormir mejor esta noche.*
	Para unir términos de una enumeración en la que ya haya comas.	*La matrícula requiere: primero, dirigirse a la secretaría y rellenar una ficha; segundo, pagar el importe determinado por el banco.*
	Para unir oraciones que se oponen.	*El marido trabajaba como loco; la esposa se quedaba todo el día delante de la tele.*

NOMBRE Y SÍMBOLO	SE USA...	EJEMPLO
coma ,	Para indicar una pausa breve dentro de un enunciado, separando las partes de una enumeración.	*Llegué al colegio, entré en el aula, me dirigí a mi pupitre y, por último, empecé a copiar lo que estaba en la pizarra.*
	Para inserir una oración intercalada.	*Lo mejor, dice mi madre, es siempre decir la verdad.*
	Para introducir una explicación acerca de un término anterior.	*En los Andes, la cadena de montañas más importante de las Américas, hay volcanes activos.*
	Después de oraciones encabezadas por *si* y por otras expresiones que indican el modo como vemos lo que vamos a contar (infelizmente, seguramente, etc.).	*Si tuviese más tiempo, iría a museos y otras exposiciones los fines de semana.* *Infelizmente, no veo aquí los que me han criticado.*
dos puntos :	Para indicar una pausa mayor y detener el discurso para llamar la atención sobre lo que viene después: conclusiones, aclaraciones, enumeración, citas.	*Todos los alumnos han llegado tarde esta semana: María, Antoni, Juan, etc.* *La profesora dijo: "No se olviden de traer el compás a la clase de geometría".*
	En los saludos de correspondencias (cartas, notas, correo electrónico, etc.).	*Querida Matilde:*

NOMBRE Y SÍMBOLO	SE USA…	EJEMPLO
puntos suspensivos ...	Para indicar que el final de la oración está en suspenso, o sea, que le podemos añadir más ideas.	*Empezó a abrir la puerta y de repente**...***
	Para suprimir una parte en un texto, entre corchetes o paréntesis.	*La niña empezó a llorar y a contarnos lo que había sucedido. (**...**) Su historia nos conmovió.*
	Para evitar palabras malsonantes.	*Estaba furioso y empezó a gritar: ¡Qué m**...**! No hay derecho.*
signos de interrogación ¿ ?	Para expresar duda, preguntar algo. El símbolo de interrogación al revés va al inicio de la oración para que se le dé la entonación correcta desde el inicio de la lectura.	***¿**Cuántos hermanos tiene tu padre**?***
signos de exclamación o admiración ¡ !	Para expresar sorpresa, dolor, ira, incredulidad, admiración, etc. El símbolo de exclamación al revés va al inicio de la oración para que se le dé la entonación correcta desde el inicio de la lectura.	***¡**No me digas**!***
comillas “ ”	Para introducir citas o destacar palabras.	*En las palabras del gran maestro, “debemos aprovechar todas las oportunidades que se nos presenten”.*
	Para introducir palabras extranjeras.	*Antes de salir, nos preparó el “breakfast”.*

NOMBRE Y SÍMBOLO	SE USA...	EJEMPLO
guion mayor o raya —	Para separar la intervención de los hablantes en los diálogos.	*—Luis está llegando.* *—Sí, acaba de entrar en la sala.*
	Para intercalar elementos (ejemplos y comentarios) en la oración en lugar de la coma o de los paréntesis.	*Los huesos* **—***de las piernas y de los brazos***—** *son más largos que los otros huesos del cuerpo.*
	Para separar los diálogos de las intervenciones del narrador.	*No he podido llamarte* **—***dijo Carlos***—** *porque ya era tarde.*
guion -	Para separar las palabras en sílabas.	*es-ca-le-ra*
	Para unir las palabras compuestas.	*Era un grupo hispano-luso--americano.*
paréntesis ( )	Para introducir una referencia, una duda o comentario con relación a algo dicho en la oración.	*Estábamos todos divirtiéndonos* **(***a pesar de que no podíamos oír música***)** *cuando llegó la madre de Mari.*
corchete [ ]	Para enmarcar los puntos suspensivos que indican la supresión de parte de una oración.	*La niña empezó a llorar y a contarnos lo que había sucedido.* **[…]** *Su historia nos conmovió.*
	Para corregir palabras o expresiones equivocadas dentro de las oraciones, en vez de tacharlas.	*No sé qué* **[***pienso***]** *debo hacer en esta situación.*

GLOSARIO

A

abducción: rapto, secuestro.

aceite: en portugués: *óleo*.

acuñado: que ha recibido una forma.

adarga: escudo de cuero con forma ovalada o de corazón.

adelanto: progreso, mejora.

adelgazar: disminuir el peso o el grosor.

aeróbico: ejercicio basado en el control del ritmo respiratorio.

afeitarse: rasurar el pelo, especialmente el que crece en la cara; en portugués: *barbear(-se)*.

agónico: que se encuentra en estado de agonía.

agüero: procedimiento de adivinación basado principalmente en la interpretación supersticiosa de determinadas señales, como el canto o el vuelo de las aves; presagio o señal de algo futuro.

aguileño: afilado, aquilino, curvo, corvo.

ahorcarse: matarse echándose un lazo al cuello y colgándolo en una horca hasta producir asfixia.

albañil: profesional que se encarga de construir y reformar viviendas.

alcalde: persona que preside un ayuntamiento; en portugués: *prefeito*.

alcatraz: tipo de planta con flores, muy común en México.

alentada: animada, revigorada.

altivez: soberbia, orgullo.

alumnado: conjunto de alumnos de un centro de enseñanza.

ama de casa: mujer que se ocupa de las labores de la casa.

antropólogo: persona que profesa la ciencia que trata de los aspectos biológicos del hombre y de su comportamiento social.

aparatoso: exagerado, que tiene mucha ostentación.

apenas: casi no.

apio: planta de tallo y raíz comestibles; en portugués: *aipo*.

aptitud: capacidad o disposición para el buen desempeño o ejercicio de algo.

arcabuzazo: disparo hecho con un arcabuz (antigua arma de fuego, parecida a un fusil, que se disparaba prendiendo la pólvora con una mecha móvil).

árida: seca.

asentamiento: lugar donde se ejerce una profesión; lugar donde se asienta una persona o comunidad.

atajar: abreviar el camino; impedir o detener una acción o proceso; salir al encuentro de alguien por algún atajo.

atasco: obstrucción que no permite el paso, congestión de vehículos.

atinar: acertar.

atuendo: vestido, conjunto de ropas que viste una persona.

aunque: a pesar de que.

auricular: relativo al oído; parte o dispositivo de los aparatos telefónicos o de los receptores de sonido que se aplica al oído para recibirlo.

austral: perteneciente al hemisferio sur.

autopista: carretera con calzadas separadas por los dos sentidos de la circulación.

avispón: insecto mucho mayor que la avispa común que tiene una mancha encarnada en la parte anterior del cuerpo; en portugués: *vespa grande*.

B

balada: canción romántica de ritmo suave y melodioso.

barrendero: persona que tiene por oficio barrer.

bastardo: natural o nacido fuera de un matrimonio; que tiene mala intención o es indeseable.

bedel: celador, portero, conserje, persona que cuida del orden y realiza tareas auxiliares en los establecimientos de enseñanza y otros centros oficiales.

berberisco: perteneciente o relativo a la Berbería, región del norte de África.

bigamia: estado de una persona casada con dos personas al mismo tiempo.

blindaje: revestimiento, coraza, defensa contra acciones externas.

brújula: instrumento para determinar, por medio de una aguja imantada que siempre marca los polos magnéticos norte-sur, cualquier dirección de la superficie terrestre.

bucear: nadar con el cuerpo bajo el agua.

buque: barco con cubierta adecuado para navegaciones marítimas de importancia; en portugués: *navio*.

C

caballero andante: héroe de los libros de caballería que recorría el mundo en busca de aventuras para defender unos ideales de justicia y lealtad.

caballero: noble, hombre que pertenece a una orden de caballería.

cable: cordón que se emplea en electricidad, comunicaciones telegráficas o telefónicas, etc., formado por uno o varios hilos conductores protegidos por una funda aislante.

cacharros: recipiente para usos culinarios; aparato viejo, deteriorado o que no funciona bien.

calzada: parte de la calle comprendida entre dos aceras, por donde circulan los coches, autobuses, etc.

campesino: propio del campo o perteneciente a él; persona que vive y trabaja en el campo.

canicross: deporte que se basa en correr atado a una mascota.

cantautor: autor de canciones que es también intérprete de sus propias composiciones, en general, comprometido con su entorno y su tiempo.

caray: expresión con la que se indica admiración y sorpresa. También se usa para expresar extrañeza o disgusto.

cargado: abarrotado, lleno.

carmesí: de color granate muy vivo; en portugués: *carmesim*.

carril: camino para el paso de un solo carro; cada una de las barras de hierro o de acero laminado paralelas que sustentan y guían las locomotoras y vagones que ruedan en una vía férrea.

cartelera: sección de los periódicos donde se anuncian las funciones de las películas y otros espectáculos.

casco urbano: conjunto de edificaciones de una ciudad hasta donde termina su agrupación.

catear: explorar terrenos; suspender en los exámenes un/a alumno/a.

caucho: látex producido por varias plantas que, después de coagulado, es una masa impermeable muy elástica.

césped: hierba menuda y tupida que cubre el suelo.

chaleco salvavidas: prenda de vestir sin mangas que cubre hasta la cintura confeccionada con materiales que flotan en el agua para evitar que se hunda quien lo lleve puesto; en portugués: *colete salva-vidas*.

chamarra: abrigo tosco y grueso.

chapuza: trabajo no profesional o de poca importancia, trabajo mal hecho.

chaval: muchacho, joven.

chechear: vosear, usar la forma de tratamiento **vos** en lugar de **tú**, en países del sur de Sudamérica.

chorizo: pedazo corto de tripa lleno de carne, regularmente de cerdo, picada y adobada y que se cura al humo; en portugués: *linguiça*.

cinta: banda electromagnética sobre la que se graban sonidos reproducibles.

coalición: unión, liga, confederación.

codiciado: muy deseado, deseado con apetito excesivo.

codo: parte exterior de la articulación del brazo con el antebrazo.

cojín: almohadón que se usa para acomodar alguna parte del cuerpo; en portugués: *almofada*.

colgada: incierta; muy atenta; pendiente.

colgar: sujetar una cosa de manera que no llegue a tocar el suelo; en portugués: *pendurar*.

colilla: parte del cigarro o del cigarrillo que se queda sin fumar.

comillas: signo de puntuación que separa las oraciones más cortas y también los numerales decimales de los enteros.

comisario: agente policial encargado de una comisaría; persona que recibe poder y facultad para realizar algún trabajo o participar en una actividad con total responsabilidad.

comuna: es una subdivisión administrativa de Chile menor que corresponde a una zona urbana, rural o mixta.

concierto: función pública en la que se cantan o se tocan composiciones musicales.

contención: acción o resultado de contener o frenar el movimiento de algo.

convicción: certeza, seguridad.

corcho: tejido vegetal impermeable; tapón que se hace de tejido vegetal impermeable y que sirve para tapar botellas, etc; en portugués: *rolha* o *cortiça*.

corral: en las casas o en el campo, sitio cerrado y descubierto en el que se guardan animales.

corsario: buque mercante con la patente de un gobierno de una nación que perseguía a los piratas o a las embarcaciones enemigas; tripulación o capitán de un buque corsario.

cortesano: de la corte, persona que sirve al rey.
cripta: lugar subterráneo para enterrar a los muertos.
crujiente: en portugués: *crocante*.
cuadrícula: dividido en cuadrados.
cueva: cavidad subterránea.
culpable: que tiene culpa, que ha cometido un delito.
cumplir (años): llegar a tener determinada edad.
cursada: curso.
custodia: guardia, vigilancia.

D

deforestación: reducción o desaparición de masas de árboles.
delinear: trazar las líneas de una figura.
desatino: error, disparate, locura, despropósito.
descarriadas: extraviadas.
desdén: menosprecio, indiferencia.
desembarazada: descubierta, atrevida.
desenlace: final o conclusión.
despejado: claro, bueno en cuanto al tiempo atmosférico, sin nubes.
desván: trastero, buhardilla; en portugués: *sótão*.
devenir: ocurrir, suceder.
difuminarse: perder la claridad o la intensidad.
difundir: extender, propagar, divulgar.
discografía: conjunto de discos de un tema, de un autor o cualquier otra característica común.
diseño: delineación, descripción o bosquejo de algo, proyecto, plan.
disparate: atrocidad, hecho o dicho erróneo, ilógico o absurdo.
disquera: empresa que se encarga de la manufactura, producción y distribución de discos musicales.
distar: estar apartada una cosa de otra; diferenciarse.
dramaturgia: relativo al drama, a la escena, al teatro.

E

electroluminiscente: que emite, alimentado por energía eléctrica, rayos luminosos sin elevar la temperatura.
embarazada: preñada; en portugués: *grávida*.
emoticono: neologismo que proviene de **emoción + icono**, secuencia de caracteres que representa una cara humana y una emoción. Se emplean frecuentemente en *internet*.
en cartel: en portugués: *em cartaz*.
encantamiento: hechizo, embrujo.
enfocada: centro de la atención o del interés.
enólogo: persona entendida en enología, la ciencia que estudia la elaboración de los vinos.
enredado: enlazado, enmarañado con otra cosa.
entarimado: entablado, suelo compuesto con tablas ensambladas.
entrenamiento: preparación física y técnica que se realiza para perfeccionar el ejercicio de una actividad deportiva o lúdica.
envidia: tristeza, dolor o pesar que produce en alguien el bien ajeno.
escaparate: hueco acristalado que hay en la fachada de las tiendas para que las personas puedan ver lo que se vende en ellas.
escenario: parte del teatro en la que se colocan las decoraciones y se representan las obras dramáticas o cualquier otro espectáculo; en portugués: *palco*.
escuadrón: unidad de caballería comandada por un capitán; unidad aérea equivalente al batallón.
espantable: que causa espanto.
esposas: pulseras o aros con los que se sujeta a los presos por las muñecas.
estela: señal o rastro.
estereotipada: caracterizada por gestos, expresiones que se repiten sin variación.
estertor: respiración que produce un sonido involuntario, ronco o como un silbido que suele presentarse en los moribundos.
estética: ciencia que trata de la belleza y de la teoría fundamental y filosófica del arte.
estiramiento: ejercicio físico que sirve para estirar y calentar los músculos con el fin de evitar lesiones y favorecer su funcionamiento.
estruendo: ruido grande.
evocar: traer alguna cosa a la memoria o a la imaginación.
exhortar: inducir a una persona con ruegos, palabras y razones a que haga una cosa.
experto: que tiene gran experiencia o habilidad en una actividad.
extracción: acto de sacar algo que se encuentra inmerso o hundido en algo.

F

factura: recibo donde se detallan los géneros vendidos o los servicios prestados.
facultad: capacidad o aptitud física o moral que posee alguien.
fascista: partidario de la doctrina del fascismo, movimiento que se produjo en Italia, después de la Primera Guerra Mundial, por iniciativa de Benito Mussolini.
ferrocarril: camino con dos carriles de hierro paralelos sobre los que ruedan los trenes.

fidedigno: que es digno de fe y crédito.

filántropo: persona que se distingue por el amor a sus semejantes y por sus obras en bien de la comunidad.

fontanero: profesional especializado en la instalación o reparación de tuberías, grifos, etc.

forjarse: formar.

foro: coloquio, debate, lugar en que los tribunales actúan; en la antigua Roma, plaza donde se trataban los negocios y se celebraban los juicios.

frac: traje de etiqueta masculino que tiene por detrás dos faldones.

fregar: restregar con fuerza; limpiar con agua y jabón.

freír: cocinar un alimento en grasa o aceite hirviendo.

frente: parte superior de la cara; parte delantera de una cosa.

frijol: en portugués: *feijão*.

función: representación de una obra teatral o proyección de una película.

G

gabardina: sobretodo de tela impermeable.

galgo corredor: que corre como el perro galgo (raza que se usa para cazar).

***gangsta rap*:** nombre de un género de *rap* que describe el cotidiano violento de los/as jóvenes de algunas ciudades.

gestiario: diccionario de gestos.

gestionar: dirigir o administrar una empresa o un negocio.

gira: serie de actuaciones de una compañía o de un artista en diferentes localidades.

globo de aire caliente: en portugués: *balão aerostático*.

guardabosques: persona que cuida y vigila los bosques.

guardacoches: persona que aparca y vigila los coches en un establecimiento.

guardaespaldas: persona que acompaña a otra y le protege la vida.

guardameta: portero, deportista que guarda la meta en un partido de fútbol.

guerrilla: grupo de paisanos al mando de un jefe que acosa y molesta al enemigo.

guionista: profesional que escribe guiones (esquemas escritos de un tema que se quiere desarrollar) de cine, radio o televisión.

guita: plata, dinero.

gusano: nombre que se utiliza para designar diversos animales invertebrados de cuerpo blando, cilíndrico y alargado que se contrae al moverse.

H

ha: hace.

habanero: relativo a la ciudad cubana de La Habana.

hacer pie: tener apoyo.

hallar: descubrir, encontrar a una persona o cosa.

hemorragia: flujo, pérdida de sangre de cualquier parte del cuerpo.

hidalgo: señor noble de la aristocracia (grupo formado por personas notables de un estado o que tienen un título de nobleza).

hilandera: persona que se dedica a hilar, transformar una fibra textil en un hilo continuo.

hoguera: fuego de llama alta que se hace a partir de una porción de materias combustibles.

holgar: descansar, estar ocioso, no trabajar.

homogéneo: que tiene iguales caracteres, algo cuya composición o estructura es uniforme.

hormigón: mezcla compuesta de piedras, cemento y arena que se emplea en la construcción por su dureza y resistencia; en portugués: *concreto*.

hornear: cocer o asar algo en el horno.

hundirse: sumergirse en un líquido u otra materia hasta estar cubierto por completo o llegar al fondo.

hurtarse: ocultar, desviarse.

I

igualitario: que se caracteriza por la búsqueda o por tener igualdad.

imparable: que no se puede parar o muy difícil de detener.

infractor: que no respeta una norma o ley, no cumplidor, transgresor.

insignia: divisa honorífica, señal, distintivo.

intendente: gobernador o alcalde, jefe superior económico.

interestelar: que está comprendido entre dos o más astros.

invernadero: lugar preparado artificialmente para cultivar plantas fuera de su ambiente o clima habituales; en portugués: *estufa*.

ir camino de: ir hacia o en dirección a un lugar.

irrigación: riego de un terreno.

J

jirón: trozo desgarrado de una prenda de vestir.

juicio: razón, sensatez.

K

kinesiología (quinesiología): conjunto de procesos terapéuticos que tienen como objetivo restablecer la normalidad de los movimientos del cuerpo, actuando sobre el sistema óseo y muscular; conocimiento científico de ese conjunto de procesos terapéuticos.

L

lapso: transcurso, tiempo entre dos límites.

lepra: enfermedad, infección crónica producida por el bacilo de Hansen y que se caracteriza por lesiones de la piel, nervios y vísceras.

lidiar: batallar, pelear.

llanura: planicie, extensión de terreno llano.

llevarse a cabo: realizar, hacer, concluir.

M

macrocosmos: el universo en su totalidad.

maestría: arte o destreza para efectuar o enseñar alguna cosa; etapa de la enseñanza superior; en portugués: *mestrado*.

magistralmente: que se hace con maestría, con destreza.

marcha: euforia individual o colectiva, diversión.

marihuana: droga que produce un efecto narcótico; en portugués: *maconha*.

matriz: entidad principal, generadora de otras.

maya-quiché: pueblo indígena de Guatemala.

mediar: llegar a la mitad de una cosa; interceder o rogar por algo o alguien; interponerse entre dos personas o más que se pelean o discuten.

meseta: llanura o planicie extensa y elevada sobre el nivel del mar.

miedica: adjetivo que indica, de forma despectiva, que una persona es miedosa.

mirador: lugar desde donde se puede contemplar un paisaje o acontecimiento.

mitigar: moderar, aplacar o suavizar la dureza de algo.

monitorear: guiar el aprendizaje de algo, amonestar, avisar, aconsejar.

mono: simio; en portugués: *macaco*. Bonito, lindo, atractivo.

monopatín: patín formado por una tabla con ruedas en su parte inferior.

mucama: sirvienta, criada; persona encargada de arreglar las habitaciones de un hotel.

muelle: obra construida en la orilla del mar, de un lago o río navegable que se destina al embarque, desembarque y para el abrigo de las embarcaciones.

N

natatorio: que sirve para nadar.

negligente: descuidado.

niñez: infancia.

normativa: conjunto de normas aplicables a una materia o actividad.

noticiero: programa televisivo en el que se da noticias.

O

olla: vasija redonda de diversos materiales que sirve para cocer alimentos o hervir el agua.

onomatopeya: imitación de sonidos reales por medio de palabras.

oprobio: afrenta, deshonra, vergüenza que se sufre públicamente.

órbita: trayectoria que recorre un cuerpo alrededor de otro de masa mayor sometido a la acción de la gravedad.

orilla: faja de tierra más inmediata al agua del mar, de un río, etc; en portugués: *beira*, *margem*.

oso: mamífero carnívoro; en portugués: *urso*.

ostentar: poseer algo que da derecho a ciertas ventajas.

otomano: natural, perteneciente o relativo a Turquía.

óvalo: curva cerrada.

oyente: aquel que oye, escucha algo.

P

paisano: en portugués: *conterrâneo* o *camponês*.

pala: remo, raqueta.

papalote: cometa, barrilete, juguete de papel; en portugués: *papagaio*, *pipa*.

parchís: juego que en Brasil se llama ludo.

parteaguas: marco divisorio.

pasarse: estar mucho tiempo haciendo algo.

paso de peatones: sitio por donde las personas cruzan de un lado a otro de una calle.

patancito: hombre tosco, bruto.

peatonal: que sirve al tránsito de los peatones (personas que van a pie por una vía).

pegada: estar una cosa próxima o contigua a otra.

peliculón: película muy buena o, al contrario, muy aburrida y larga.

pelota vasca: deporte tradicional del País Vasco que requiere la participación de, al menos, dos jugadores o bien dos equipos que, en líneas generales, golpean por turnos una pelota contra un muro llamado frontis, hasta conseguir un tanto.

pernicioso: muy malo o muy perjudicial.

pesadilla: sueño que produce angustia y temor; preocupación grave y continua.

pesar: sentimiento de pena o dolor interior.

pileta: piscina.

pinchadiscos: persona encargada del equipo de sonido de una discoteca y de la selección de las músicas; en portugués: *disc-jóquei* (DJ).

pintada: letrero, de preferencia de contenido político o social, escrito en las paredes.

piragüismo: deporte náutico; en portugués: *canoagem*.

planchadora: persona que se dedica a planchar; máquina para planchar.

pluma: instrumento de escritura que necesita tinta líquida, formado generalmente por una punta y por un mango (parte en la que se le agarra).

pneumático: rueda, cubierta, goma. Actualmente, se emplea sin la **p** inicial: neumático.

pneumatología: suma de los conocimientos sobre la Trinidad cristiana.

pneumólogo: profesional especializado en estudio y tratamiento de las enfermedades de los pulmones o de las vías respiratorias.

polvo para hornear: levadura, masa constituida de un cierto tipo de hongos que hace fermentar el cuerpo con que se la mezcla; en portugués; *fermento*.

ponerse en cuclillas: agacharse.

ponerse: transformarse.

potenciación: acción y efecto de comunicar o incrementar la potencia de una cosa.

potenciar: comunicar potencia a una cosa o incrementar la potencia que ya tiene.

prematuro: que ocurre o se desarrolla antes del tiempo.

presupuesto: cantidad de dinero que se calcula o se dispone para un fin; en portugués: *orçamento*.

primar: sobresalir, prevalecer, predominar.

primordial: primero, primitivo, fundamental.

prólogo: primera parte de una obra o libro; texto que precede al cuerpo de una obra para presentarla y/o a su autor. En general, lo escribe el autor de la obra.

pseudocientífico: que tiene la apariencia de científico pero no lo es.

psico-anímico: relativo a la dimensión psíquica y también a la anímica, o sea, a los sentimientos con los que reaccionamos ante el mundo exterior.

psicosomático: que afecta a la *psique*, al conjunto de actos y funciones de la mente, o implica una acción de la *psique* sobre el cuerpo, o viceversa.

pudiente: poderoso, rico.

puericultor: persona que se dedica a la puericultura.

puericultura: actividad que se ocupa de prestar cuidados a los niños para su mejor desarrollo.

pulgada: medida inglesa de longitud equivalente a 25,4 mm.

R

rasta: hace referencia al movimiento rastafari, surgido en Jamaica en 1920.

rastafari: referido al movimiento sociocultural y religioso que surgió en Jamaica en los años 1930 y que considera al emperador de Etiopía Hailei Selassie I como una encarnación de Dios. Propone la liberación de África de los imperios europeos y la liberación de la gente del mundo de ascendencia africana, su conducción a una tierra prometida llena de justicia divina y de emancipación.

receptáculo: cavidad en la que se puede poner cualquier sustancia.

redimirse: poner fin a algún dolor, vejamen, penuria, adversidad o molestia.

relevante: importante, significativo; excelente.

remar: acompañar; seguir el mismo camino.

rematado: terminado, liquidado.

remover: pasar una cosa de un lugar a otro; agitar o dar vueltas a una cosa para que sus distintos elementos se mezclen.

renacentista: relativo al renacimiento; que cultiva los estudios o el arte propios de este movimiento.

repartidor: persona que se dedica a repartir o distribuir algo.

reproducirse *in vitro*: reproducirse artificialmente por fecundación fuera del vientre materno.

requete: prefijo que indica intensificación. Se usa antes de adjetivos o adverbios para reforzar el valor superlativo.

rescatado: recobrado por precio o por fuerza de un enemigo.

retar: desafiar a un duelo, a una pelea o a una competición en cualquier terreno.

risible: que causa o es digno de risa.

rizo: mechón de pelo que tiene forma de onda; pirueta aérea.

rocín: caballo de mala apariencia.

rodar (una película): en portugués: *filmar*.

rol: lista; papel que desarrolla una persona o grupo en una actividad.

rotonda: plaza circular.

rumbear: andar de parranda o de juerga, tocar instrumentos, cantar o bailar para divertirse.

S

sabotaje: destrucción o deterioro de productos, máquinas o instalaciones como medio de lucha contra el poder establecido.

sanidad: conjunto de servicios, personal e instalaciones del estado para preservar la salud pública.

saturar: saciar de comida o de bebida, llenar algo completamente.

secársele el cerebro a alguien: debilitarse, decaer.

senderismo: actividad deportiva que consiste en caminar por el monte o la montaña.

sendero: camino pequeño y estrecho.

servilleta: trozo de papel o de tela que se utiliza en la mesa para limpiarse los labios y los dedos.

***single*:** disco sencillo, con una o dos canciones en cada cara.

solfeo: técnica de leer correctamente los textos musicales y los estudios que se realizan para adquirirla.

subconsciente: conjunto de procesos mentales que no dependen de la voluntad del individuo.

suponer: considerar algo como cierto o existente.

suscribirse: pagar una cantidad, inscribirse para recibir una publicación periódica.

T

tala: acción o efecto de talar los árboles, cortar por el pie masas de árboles.

talle: apariencia, figura; disposición o proporción del cuerpo humano; forma que se da a un vestido, cortándolo y proporcionándolo al cuerpo.

Tanganika: lago más largo del mundo, ubicado en África meridional.

tanto: unidad de cuenta en muchos juegos o deportes.

taquillera: que proporciona buenas recaudaciones a una empresa.

tarima: entablado o plataforma colocada a poca altura del suelo, suelo de madera.

tarta: pastel grande y generalmente redondo que se rellena con frutas o cremas.

templado: resistente y sin transparencia o brillo; moderado, contenido; que no está frío ni caliente.

tensor: que origina tensión o está dispuesto para producirla.

teñir: dar a una cosa un color distinto del que tenía mediante el uso de alguna sustancia.

tiesto: pedazo de cualquier vasija de barro; maceta, vaso de barro que sirve para cultivar plantas.

tipográficamente: de forma impresa.

tonificado: vigoroso.

toparse: encontrarse casualmente.

trabajar a toda pastilla: trabajar muy rápido, excesivamente veloz.

trasladarse: llevar o cambiar una cosa o persona de un lugar a otro.

trocito: pedazo pequeño de algo.

tubería: conducto formado por tubos que sirven para el paso de agua y otros fluidos.

V

vacuna: virus o principio orgánico conveniente preparado que se inocula a persona o animal para preservarlos de una enfermedad determinada; en portugués: *vacina*.

vallenato: género musical colombiano.

vaqueros: pantalón de tela vaquera; jeans.

vector: agente que transporta algo de un lugar a otro; magnitud en la que además de la cuantía hay que considerar el punto de aplicación, la dirección y el sentido, como por ejemplo la fuerza.

vedegambre: planta con talle erguido, flores blancas en espiga y fruto capsular con semillas comprimidas y aladas; en portugués: *eléboro*.

vello: pelo corto y suave que recubre algunas zonas del cuerpo humano.

vera: faja pintada en la parte inferior de una pared; árbol americano con madera dura y pesada.

verja: enrejado que sirve de ventana, cerca o puerta.

villera: común en Argentina, hace referencia a jóvenes que viven en villas, parte pobre de las ciudades.

viruta: laminilla delgada de madera, metal o goma que salta con el sacapuntas, el cepillo, etc. o cuando usamos la goma para borrar. Trocitos de carne que se forman cuando cortamos el jamón y otros embutidos en tiras finas.

vistazo: mirada superficial y ligera.

Z

zona franca: en un área geográfica, autorizada expresamente por el gobierno, para el establecimiento de fábricas cuya producción tenga básicamente como destino la exportación, con grandes beneficios del orden tributario.

CRÉDITOS DE ICONOGRAFÍA

FOTOS

(de izquierda a derecha, de arriba abajo)

p. 7 Album / Prisma/Latinstock; Ulf Andersen/Getty Images; EFE; FERNANDO ALVARADO/EFE; Tomas Bravo/REUTERS/Latinstock.
p. 8 Album/Akg-Images/Akg-Images/Latinstock.
p. 9 Editorial Punto de lectura.
p. 13 © SEDMAY ediciones y Antonio Albarran.
p. 14 © SEDMAY ediciones y Antonio Albarran.
p. 18 © Korda, Alberto/Licenciado por AUTVIS, Brasil, 2011.
p. 19 Francois ANCELLET/Gamma-Rapho/Getty Images.
p. 22 Yuri Cortez/AFP/Getty Images.
p. 23 Ricardo Ceppi/Cover/Getty Images; Focus Features/courtesy Everett Collection/Keystone; Focus Features/courtesy Everett Collection/Keystone; Focus Features/courtesy Everett Collection/Keystone; Focus Features/courtesy Everett Collection/Keystone.
p. 24 Kim Karpeles/Alamy/Other Images.
p. 25 Burroughs and Disney/Album Cinema/Latinstock; © 2011 King Features Syndicate/Ipress; © Mary Evans/Ronald Grant/Diomedia; City of Edinburgh Museums and Art Galleries, Scotland; Everett Collection/Keystone; Everett Collection/Keystone; © Lebrecht Music & Arts/Corbis/Latinstock; The Bridgeman Art Library/Keystone; Photo12/AFP.
p. 27 Thinkstock/Getty Images; Diverse Images/Getty Images; Susana Tamayo/fotocolombia.com; © Ashley Cooper/CORBIS/Latinstock; © Scott Stulberg/Corbis/Latinstock; Graeme Harris/Getty Images; Spencer Grant / Alamy/Other Images; Thinkstock/Getty Images; Eduardo Knapp/Folhapress; Thinkstock/Getty Images; Thinkstock/Getty Images; Israel Antunes/Folhapress.
p. 29 Joaquín Salvador Lavado (Quino). Quinoterapia, Livraria Martins Fontes Ltda.
p. 36 Quim Llenas/Cover/Getty Images.
p. 45 Blend Images/Jon Feingersh/Getty Images.
p. 43 Thinkstock/Getty Images; Thinkstock/Getty Images; © H Richter/Easypix; © Jacques Alexandre/Easypix.
p. 44 © Prisma VWPics/SuperStock/Keystone.
p. 45 Luciana Coelho/Folhapress; David R. Frazier Photolibrary, Inc./Alamy/Other Images.
p. 47 Thinkstock/Getty Images; DreamPictures/Getty Images; Tom Carter/Alamy/Other Images; Thinkstock/Getty Images; Spyros Bourboulis/Getty Images; Weberfoto/Alamy/Other Images; Stephen Frink/Getty Images; Piervi Fonseca/AGIF/Folhapress; Thinkstock/Getty Images; David Madison/Getty Images.
p. 48 David Leahy/Getty Images; Thinkstock/Getty Images; Diomedia/Blend RF; Getty Images/Ron Chapple Studios RF; Diomedia/Imagebroker RM; Diomedia/DK Stock; Thinkstock/Getty Images; Redsnapper/Alamy/Other Images.
p. 49 Thinkstock/Getty Images; Diomedia; Thinkstock/Getty Images; Thinkstock/Getty Images.
p. 50 Thinkstock/Getty Images; Thinkstock/Getty Images; Brian Bailey/Getty Images; Purestock/Getty Images; Thinkstock/Getty Images.
p. 60 Felix Ordonez /Reuters/Latinstock; Alessandro Shinoda/Folhapress.
p. 61 Phillip Jarrell/Image Source/Folhapress.
p. 64 Xinhua/Wang Pei/EFE; JLImages/Alamy/Other Images; Rolf Richardson/Alamy/Other Images; Daniel Cymbalista/Pulsar Imagens; Album/Akg-images/Bildarchiv Steffens/Latinstock.
p. 65 Luis Salvatore/Pulsar Imagens; Ismar Ingber/Pulsar Imagens; Guto Kuerten/Ag. RBS/Folhapress; Alf Ribeiro/AE.
p. 66 Imagebroker/Alamy/Other Images.
p. 67 Christian Handl/imagebroker/Diomedia; I. Lizarraga/Flickr/Getty Images.
p. 70 Hybrid Images/GlowImages.
p. 80 Robert Harding/Nico Tondini/Diomedia.
p. 84 Thinkstock/Getty Images.
p. 87 Jorge Zapata/EFE.
p. 89 Joaquín Salvador Lavado (Quino). Toda Mafalda, Ediciones de la Flor.
p. 103 Carioca/Saatchi & Saatchi; Science Photo Library/Latinstock.
p. 104 Rodrigo Baleia/Folhapress; Zé Zuppani/Pulsar Imagens; Lucas Lacaz Ruiz/Folhapress; Lucas Lacaz Ruiz / Folhapress; Joel Silva/Folhapress.
p. 113 François Chevalier; © López.
p. 114 © Mike Theiss/National Geographic Society/Corbis/Latinstock.
p. 115 Cezary Wojtkowski/Glowimages; Stockfolio ® /Alamy/Other Images; Keren Su/China Span/Alamy/Other Images; Philip Scalia/Alamy/Other Images.
p. 116 Divulgação Aero-Condor S.A.
p. 117 Sergio Alvarez.
p. 121 Tarker/The Bridgeman Art Library/Keystone; Keystone-France/Gamma/Getty Images; The Bridgeman Art Library/Keystone; NASA Marshall Space Flight Center Collection/NASA; Great Images in Nasa Collection/NASA; NASA Hubble Space Telescope Collection; NASA Marshall Space Flight Center Collection/NASA.
p. 126 The Bridgeman Art Library/Keystone.
p. 128 Thinkstock/Getty Images.
p. 131 Manuel Bartual.
p. 134 Borja de la Lama/EFE.
p. 135 Thinkstock/Getty Images.
p. 136 Thinkstock/Getty Images.
p. 138 Adão Iturrusgarai.
p. 139 Raúl Bravo/El Mercurio/EFE; Decca Records.
p. 143 Carlos Barria/Reuters/Latinstock.
p. 146 Thinkstock/Getty Images; Cézaro De Luca/EFE; Steve Winter/Getty Images.
p. 147 Thinkstock/Getty Images; Patryce Bak/Getty Images; Thinkstock/Getty Images; Peter Jordan/Alamy/Other Images; Kevin Fitzgerald/Getty Images.
p. 149 PAT; Pablo Blazquez Dominguez/Getty Images; Miguel Medina/AFP/Getty Images; Jean-Paul Pelissier/Reuters/Latinstock; Michael Buckner/Getty Images.
p. 151 © Mary Evans/Exon Film/Ronald Grant Archive/Diomedia.
p. 153 © Alex Mares-Manton/AsiaPix/Corbis/Latinstock; © JLP/Jose L. Pelaez/Corbis/Latinstock; LWA/Dann Tardif/Getty Images; Thinkstock/Getty Images.
p. 156 Twentieth Century Fox Film Corp./Everett Collection/Keystone.
p. 158 20th Century Fox Film Corp./Everett Collection/Keystone; New Line Cinema/Everett Collection/Keystone; Buena Vista Pictures/Everett Collection/Keystone.
p. 159 © Bob Torrez/Age Fotostock/Keystone; Thinkstock/Getty Images; © Henry Beeker/Keystone; © McPHOTOs/Keystone; Thinkstock/Getty Images.
p. 160 Picturehouse/Everett Collection/Keystone.
p. 161 Steve Granitz/WireImage/Getty Images.
p. 162 Coleção Particular, Paris.
p. 164 Album Cinema/Latinstock.
p. 168 DK Stock/Other Images; DK Stock/Other Images; John Eder/Getty Images.
p. 169 Fin Costello/Getty Images.
p. 171 Thinkstock/Getty Images; Barbara Peacock/Getty Images.
p. 175 Christian Ostrosky/Alamy/Other Images.

ILUSTRACIONES

Estúdio AMJ - 10, 15, 33 (moça), 34, 35 (moça), 57 (cartões), 62, 70, 92, 93, 94 (cena), 117, 133, 141, 142, 145, 146 (hotel), 148, 156, 158, 132-133.
Estúdio Quanta - 11, 26, 33 (rapaz), 35 (cenas), 37, 47, 48, 56, 57 (pessoas), 66, 68, 75, 91, 95, 107, 108, 112, 127, 134, 137, 146 (rapaz), 186, 188, 189, 190, 191.
Roberto Weigand - 38, 39.
Vicente Mendonça - 7, 8, 29, 30, 40, 41, 52, 60, 61, 72, 86, 114, 116, 140.
Selma Caparroz - 54, 150.